陳布雷從政日記

（1943）

The Official Diaries of Chen Pu-lei, 1943

民國日記｜總序

呂芳上
民國歷史文化學社社長

　　人是歷史的主體，人性是歷史的內涵。「人事有代
謝，往來成古今」（孟浩然），瞭解活生生的「人」，才
較能掌握歷史的真相；愈是貼近「人性」的思考，才愈能
體會歷史的本質。近代歷史的特色之一是資料閎富而駁
雜，由當事人主導、製作而形成的資料，以自傳、回憶
錄、口述訪問及日記最為重要，其中日記的完成最即時，
描述較能顯現內在的幽微，最受史家重視。

　　日記本是個人記述每天所見聞、所感思、所作為有
選擇的紀錄，雖不必能反映史事整體或各個部分的所有細
節，但可以掌握史實發展的一定脈絡。尤其個人日記一方
面透露個人單獨親歷之事，補足歷史原貌的闕漏；一方面
個人隨時勢變化呈現出不同的心路歷程，對同一史事發為
不同的看法和感受，往往會豐富了歷史內容。

　　中國從宋代以後，開始有更多的讀書人有寫日記的
習慣，到近代更是蔚然成風，於是利用日記史料作歷史

研究成了近代史學的一大特色。本來不同的史料，各有不同的性質，日記記述形式不一，有的像流水帳，有的生動引人。日記的共同主要特質是自我（self）與私密（privacy），史家是史事的「局外人」，不只注意史實的追尋，更有興趣瞭解歷史如何被體驗和講述，這時對「局內人」所思、所行的掌握和體會，日記便成了十分關鍵的材料。傾聽歷史的聲音，重要的是能聽到「原音」，而非「變音」，日記應屬原音，故價值高。1970 年代，在後現代理論影響下，檢驗史料的潛在偏見，成為時尚。論者以為即使親筆日記、函札，亦不必全屬真實。實者，日記記錄可能有偏差，一來自時代政治與社會的制約和氛圍，有清一代文網太密，使讀書人有口難言，或心中自我約束太過。顏李學派李塨死前日記每月後書寫「小心翼翼，俱以終始」八字，心所謂為危，這樣的日記記錄，難暢所欲言，可以想見。二來自人性的弱點，除了「記主」可能自我「美化拔高」之外，主觀、偏私、急功好利、現實等，有意無心的記述或失實、或迴避，例如「胡適日記」於關鍵時刻，不無避實就虛，語焉不詳之處；「閻錫山日記」滿口禮義道德，使用價值略幾近於零，難免令人失望。三來自旁人過度用心的整理、剪裁、甚至「消音」，如「陳誠日記」、「胡宗南日記」，均不免有斧鑿痕跡，不論立意多麼良善，都會是史學研究上難以彌補的損失。史料之於歷史研究，一如「盡信書不如無書」的話語，對證、勘比是個基本功。或謂使用材料多方查證，有如老吏斷獄、

法官斷案，取證求其多，追根究柢求其細，庶幾還原案貌，以證據下法理註腳，盡力讓歷史真相水落可石出。是故不同史料對同一史事，記述會有異同，同者互證，異者互勘，於是能逼近史實。而勘比、互證之中，以日記比證日記，或以他人日記，證人物所思所行，亦不失為一良法。

從日記的內容、特質看，研究日記的學者鄒振環，曾將日記概分為記事備忘、工作、學術考據、宗教人生、游歷探險、使行、志感抒情、文藝、戰難、科學、家庭婦女、學生、囚亡、外人在華日記等十四種。事實上，多半的日記是複合型的，柳貽徵說：「國史有日歷，私家有日記，一也。日歷詳一國之事，舉其大而略其細；日記則洪纖必包，無定格，而一身、一家、一地、一國之真史具焉，讀之視日歷有味，且有補於史學。」近代人物如胡適、吳宓、顧頡剛的大部頭日記，大約可被歸為「學人日記」，余英時翻讀《顧頡剛日記》後說，藉日記以窺測顧的內心世界，發現其事業心竟在求知慾上，1930 年代後，顧更接近的是流轉於學、政、商三界的「社會活動家」，在謹厚恂恂君子後邊，還擁有激盪以至浪漫的情感世界。於是活生生多面向的人，因此呈現出來，日記的作用可見。

晚清民國，相對於昔時，是日記留存、出版較多的時期，這可能與識字率提升、媒體、出版事業發達相關。過去日記的面世，撰著人多半是時代舞台上的要角，他們

的言行、舉動，動見觀瞻，當然不容小覷。但，相對的芸芸眾生，識字或不識字的「小人物」們，在正史中往往是無名英雄，甚至於是「失蹤者」，他們如何參與近代國家的構建，如何共同締造新社會，不應該被埋沒、被忽略。近代中國中西交會、內外戰事頻仍，傳統走向現代，社會矛盾叢生，如何豐富歷史內涵，需要傾聽社會各階層的「原聲」來補足，更寬闊的歷史視野，需要眾人的紀錄來拓展。開放檔案，公布公家、私人資料，這是近代史學界的迫切期待，也是「民國歷史文化學社」大力倡議出版日記叢書的緣由。

導言

劉維開
國立政治大學歷史學系教授

一

　　陳布雷（1890 年 11 月 15 日－1948 年 11 月 13 日），
浙江慈谿人，原名訓恩，字彥及，筆名布雷、畏壘。早年
為記者，之後從政，歷任國民政府軍事委員會侍從室第二
處主任、國防最高委員會副秘書長、中國國民黨中央政治
委員會秘書長等職，是蔣中正在大陸時期最倚重的幕僚，
信任之專，難有相比者。從政日記，開始於 1935 年 3 月 1
日，終止於 1948 年 11 月 11 日逝世前夕，前後十三年又八
個月。事實上，在此之前亦有日記，1935 年 10 月 12 日，
陳氏曾「整理舊篋，得民國十一年之舊日記三冊，重讀一
過，頗多可回味之處。」然這部份的日記至今並未得見，
僅能於其《回憶錄》了解一二。

二

　　關於《陳布雷從政日記》的流傳經過，陳氏八弟陳
叔同應《傳記文學》社長劉紹唐之邀，撰〈關於陳布雷

日記及其他〉（《傳記文學》第55卷第5期，1989年11月）一文說明。根據陳叔同的記述，陳布雷逝世後，家屬曾將其於1936年及1940年所撰寫之《回憶錄》，即出生至五十歲止之求學與工作經歷，以原始親筆墨蹟於1949年初出版。「不久時局危殆，政府各機關紛紛撤離大陸，正當上海行將淪陷之際，又匆匆將布雷先生自民國二十四年一月起至三十七年十一月十二日其逝世前夕止的親筆日記，全部以拍照縮製卅五米厘微膠卷，裝置小盒，由大陸帶出，分藏於美、臺各家人手中；而日記原稿數十冊，仍留置上海無法運走。」「日記原稿，為毛筆字書寫之十行紙簿本，整十三年之日記，多達數十冊，約五百七十萬字。經製作微膠卷，重僅三百公克，雖當時製作微膠卷技術，遠不如今日，但能安全攜出布雷先生日記於自由地區，實為一大幸事。」日記膠卷攜出後，陳氏家屬一直未作任何處理，至1961年間，臺北方面家屬考慮日記閱讀方便，並能妥善保存，認為似宜設法排印，乃先將每一膠片沖印為5乘7英吋照片，達可直接目視閱讀之程度，以利排版，復由陳布雷六弟陳訓悆於《香港時報》社長任內，在香港排印三十部，每部五冊。

　　陳布雷日記之排印本，起自1935年3月1日。先是陳氏於1934年5月受蔣中正延攬，任軍事委員會委員長南昌行營設計委員會主任。1935年2月，蔣氏修改侍從室組織，分設一、二兩處，以陳氏為侍從室第二處主任兼第五組組長。3月1日，軍事委員會委員長武昌行營成立，陳

氏參加成立典禮，並於是日起始為日記，謂：「自三月起始為日記，自是日日為之，未嘗中輟焉」。日記結束於1948年11月11日，為逝世前二日，時任中國國民黨中央政治委員會秘書長。因日記所涉時間，為陳氏從事政務階段，家屬乃將其題名為「陳布雷先生從政日記」。復以「布雷先生從事黨政工作數十年，雖無顯赫官位，但大部時間，均為輔佐決策當局，暨任總裁文字之役，其內容多涉當時決策及中樞官員，我家人亦深知布雷先生日記之發表殊非所宜」（陳叔同文），因此於題名加「稿樣」兩字，為「陳布雷先生從政日記稿樣」，表示僅為樣書並非正式出版品，由居住在大陸以外地區之家屬各自保存，作為紀念。2016年1月，美國史丹福大學胡佛檔案館宣布由陳布雷侄兒陳迪捐贈的陳布雷日記將完整對外公開。陳迪為陳訓念長子，因陳布雷日記原件目前藏在南京的中國第二歷史檔案館，該日記應為當年排印《陳布雷先生從政日記稿樣》之依據。

三

《陳布雷先生從政日記稿樣》完成後，並未對外界透露，僅由陳訓念檢送一套呈報蔣中正鑒核。至1988年2月，南京中國第二歷史檔案館出版的《民國檔案》刊登〈陳布雷日記選－1936年1月－2月〉，首度揭露陳布雷有日記存世。次（1989）年底，臺北《傳記文學》轉載

〈陳布雷日記選－1936年1月－2月〉，同時發表前述陳叔同撰寫之〈關於陳布雷日記及其他〉一文，外界始知除日記外，尚有日記排印本由家屬保管。

對於《民國檔案》及《傳記文學》刊登陳氏日記一事，陳叔同於該文中表示「時至今日，此一四十年前涉及政務黨務之私人日記，早因時移世遷，當事人十九亡故，再無密而不宣之必要」，但為避免日記出現刪節或斷章取義等問題，「亟願布雷先生日記持有人，能儘早主動予以公開發表，以減少其被竄改與造謠欺世之機會」。《傳記文學》社長劉紹唐亦於該文文末「編者按」中，表示：「本刊正試洽此一日記稿本交由本刊連載之可能性」，然似乎未有結果。2002年9月，陳氏長孫陳師孟出任總統府秘書長後，將《陳布雷先生從政日記稿樣》全套五冊捐贈國史館典藏，並同意提供研究者參閱。此後，陳布雷日記排印本正式對外公開，研究者得以參閱，撰寫相關主題。其中東海大學歷史研究所沈建億在呂芳上教授指導下，完成碩士論文《蔣介石的幕僚長：陳布雷與民國政治（1927-1948）》，為日記公開後，第一篇以陳布雷為主題進行研究之學術論文，內容嚴謹，頗受外界好評。

留置在上海之陳布雷日記原稿，據復旦大學歷史文獻學博士鞠北平在其學位論文《陳布雷文獻資料研究——從議政到從政》中敘述，文化大革命時被抄家抄走，後來輾轉流傳到了上海市檔案館。文化大革命結束後，上海市檔案館將日記歸還家屬，家屬復將日記原件捐獻南京中

國第二歷史檔案館。該館於1988年在《民國檔案》第一期上，選刊1936年1至2月日記的內容，之後未再繼續，原件迄今未對外公開。目前大陸方面有兩個日記版本曾經為研究者運用。一是由陳布雷二子陳過保存之《畏壘室日記》影印件，該件據《陳布雷大傳》作者王泰棟轉述陳過說明，乃因日記原稿委託中國歷史第二檔案館保管，該館依例複印三套給家屬，此為其中一套，共二十九本，自1935年2月至1948年11月11日，缺1941年上半年一本。王泰棟撰寫《陳布雷大傳》、《陳布雷日記解讀——找尋真實的陳布雷》及寧波大學戴光中撰〈從陳布雷日記看其晚年心態〉等，乃依照此版本。一是上海市檔案館之抄寫本，該館將日記原稿歸還陳布雷家屬時，曾經留下了複印本，爾後由複印本衍生出抄寫本。鞠北平撰寫博士論文時所參考陳氏日記，即是其導師、上海市檔案館研究館員馮紹霆提供的抄寫本。抄寫本的內容從1935年3月1日到1948年6月30日，缺少最後四個半月。

四

日記是研究歷史人物的重要素材，不僅可以研究傳主一生經歷與思想，同時也可以研究與其相關人物之生平與思想。陳布雷日記每日以敘事性方式記錄，自起床至就寢，整日的工作情況，時間、地點、人物相當明確，內容包括處理公務、會客、出訪、談話等，簡要翔實，1935

年、1936 年日記並有摘錄各方呈送報告內容，實際上就
是他的工作日誌。1935 年，陳氏曾隨蔣氏至四川、貴
州、雲南等地巡視，對於地方政情及風俗民情多有記錄，
可作為抗戰前中央對於西南地區理解之參考。

　　陳氏亦於日記中記錄其自我檢討或對人事之個人意
見，為理解其心態之重要參考。如1935 年7 月27 日，陳
氏以長篇文字反省其短處，列出八項缺點，以及四項「急
救之道」與應學習對象，曰：「今晨澈底自省余之短處，
不一而足，憤世太深而不能逃世，此一病也。自待甚高，
而自修不足，此二病也。既否定自身之能力，而求全好勝
名心未除此三病也。憤激之餘，流於冷漠，對人對己均提
不起熱情，甚至事務頹弛，酬應都廢，而託於淡泊以自解
此四病也。對舊友新交，親疏冷暖，往往過當，有時興酣
耳熱，則作交淺言深之箴規，無益於人，徒滋背憎此五病
也。對於後進祇知獎掖，不知訓練，又不知保持分際之重
要，對於部屬，祇知涉以情感，不知繩以紀律，此六病
也。對於公務，不知迅速處理，又不能適當支配，遲迴審
顧，遂多擱置，此七病也。手頭事務不能隨到輒了，而心
頭時常牽憶不已，徒擾神思，益減興趣，此八病也。受病
已深，袪之不易。但既不能逃世長往，則悠悠忽忽，如何
其可。急救之道宜從簡易入手。一、戒遲眠；二、戒多
言；三、勿求全；四、勿擱置太久。（五日一檢查）其在
積極方面：安詳豁達，宜學幾分大哥之長處；熱情周至，
宜學幾分四弟之長處；處事有條理宜學幾分黎叔之長處；

交友處世，不脫不黏，宜學幾分佛海之長處；循此行之，
庶寡尤悔乎。」在1935年11月中國國民黨五全大會之
後，陳氏深感體力心力交疲，兼以黨政機構改組以後，人
事接洽，甚感紛紜，乃向蔣氏請准病假一月，杭州養病。
在此期間，陳氏對於自身精神狀況多有檢討，如12月20
日記道：「自念數年來所更歷之事，對余之志趣無一脗
合、表面上雖強自支持，而實際無一事發於自己之志願。
牽於情感，俯仰因人。既不能逃世長往，又不能自伸己
意。至于體認事理，則不肯含胡，對於責任又過分重視。
體弱志強心羸力絀。積種種矛盾痛苦之煎迫，自民十六年
至今，煩紆抑鬱，無日而舒，瀕於狂者屢矣。每念人生唯
狂易之疾為最不幸，故常於疾發之際，強自克制，俾心性
得以調和。亦賴友朋相諒，遇繁憂錯亂之時，往往許以休
息，然內心痛苦，則與日俱深。頗思就所經歷摹寫心理變
遷之階段，詳其曲折，敘其因由，名曰『將狂』，作雜感
式之紀述，或亦足供研究心理變態者之參考也。」

　　陳布雷交遊甚廣，在日記中留下了大量的交往記
錄，大體而言，可以分為幾個部分：家人、早年就讀浙江
高等學校的同學、任教寧波效實中學之同事、新聞圈友
人、侍從室同僚、中央及地方黨政人士等，其中尤以最後
兩部分在日記所佔分量最多，有時亦會記下對人的品評或
個人感想，頗具參考價值。如1936年10月26日，聞湖北
省政府主席楊永泰於前一日在漢口碼頭遇刺身亡，記道：
「暢卿為人自負太高，言論行動易開罪於人，一般對之毀

譽不一，然其負責之勇，任事之勤，求之近日從政人員中
亦不可多得。竟死非命，至足惜也。」陳氏與楊永泰共事
頗久，此段評論，當為近身觀察所得，可為理解楊氏行事
之參考。再如1936年12月7日，陳氏閱報知黃郛因肝癌
病逝，記道：「黃氏智慮周敏，富於肆應之才，然兩次當
外交之衝，均蒙惡名以去，病中鬱鬱，聞頗不能自解，竟
以隕身，亦時代之犧牲者。」此段記述對於理解黃郛，乃
至黃氏與蔣中正關係之變化，提供了若干訊息。

　　另一方面，陳氏作為蔣中正之重要幕僚，除代擬文
稿、參與會議外，日常與蔣氏接觸頻繁，亦常奉指示，就
重要決策徵詢黨政相關人士意見，這些過程往往記錄於日
記，提供理解蔣氏之側面資料。如1936年5月，陳氏隨侍
蔣氏自廬山返京，於九江搭艦至蕪湖，途中與蔣氏作三十
分鐘之談話，詳述其對於國事之觀察及自身心理煩悶之由
來，蔣氏勸其注意身體，以和而不同為立身之準則，記
道：「委員長謂：種種消極悲觀，多由身體衰弱而起，宜
節勞攝生，對人對事則仍須保持獨立之見解，以和而不同
為立身之準則可耳。」（5月4日）是年9月，成都事件、
北海事件相繼發生，中、日兩國緊張情勢升高，蔣氏時在
廣州，各方催促其返回南京之電報不斷，陳氏於23日記
道：「行政院各部會長昨聯電促委員長歸京，今日孔副院
長亦來電請歸京主持，均奉批『閱』字，但對余言：此間
事畢，則歸京耳。」復記：「晚餐畢，委員長來侍從室，
命予同往散步。旋同至官邸，侍談甚久。見委員長從容鎮

定，對國內政治等仍從容處理。略談外交形勢，亦不如京中諸人之憂急無措，但微窺其意，當亦以大計無可諮商為苦。」再如1948年4月，中國國民黨六屆臨時中全會堅持欲推蔣中正為行憲第一任總統候選人，與蔣氏原意不合，6日晚，蔣氏與陳談話一小時餘，談話內容如何，不得而知，但陳氏於次（7）日日記記錄對蔣談話之感想，曰：「追繹委座昨日之談話，知其對中樞散漫情形甚關懷念，然積習相沿，遺因已久，蓋在第四次代表大會時始矣。今日欲圖補救，確非重振綱紀不可。此決非另起爐灶之謂，實應痛下決心，由中樞諸人衷心懺悔，改革制度，改革作風，刷新人事，多用少壯幹部。而任用幹部，則以公誠與能力為第一標準，如此一新耳目，庶克有濟。今日領袖不能再客氣姑息，黨員不能再諉過塞責了事，非一新耳目，不足以使本黨存在，以號召國人。然環顧黨中能自反自訟者寥若晨星，新幹部亦未作適當之培養，念之殊為憂心悄悄也。」4月12日，蔣氏主持總理紀念週講話，內容關係黨紀黨德及對部分國大代表主張修憲之意見，次日《中央日報》僅有六行的篇幅報導。陳氏則於日記記錄蔣講話重點：「注重黨德，遵守黨紀，決不可以私害公，亦不可對外自損黨的信譽。現值非常時期，應知國恥重疊，國難嚴重，切不可議論紛紜，使大會曠日持久，遷延時日。要知拖延大會日期，使吾人不能專心努力於戡亂，正為共產黨所求之不得者。至於憲法未始不可修改，然此次以不修改為宜，即或顧及戡亂時期之臨時需要，亦應以其他方法求

變通之道。關於擴大國民大會職權及設置常設委員會，萬不可行。至戡亂完畢時，自可召集第二次大會。」對於探討蔣氏之心態，具有相當參考價值。

陳氏於1948年11月13日去世，1948年為其最後一年日記，而該年亦是中華民國實施憲政的第一年。行憲伊始，對於政府而言，各種問題，紛至沓來，陳氏周旋其間，精神負擔沉重，對黨內諸多現象，憂心不已，於日記中多有反映，深感「黨內情形複雜，黨紀鬆弛，人自為謀，不相統屬」，（5月5日）藉由其日記所記，不僅可以揣度陳氏在這一年之心境轉折，亦可知除軍事之外，政府與蔣中正在政治上所面臨的困境，對於1949年大變局，能有更深一層的理解。

《陳布雷先生從政日記稿樣》自史政機構對外公開後，數十年來已廣為學者參閱，相關研究著作陸續出現。然《陳布雷先生從政日記稿樣》原意並非提供研究之用，閱讀上仍有不便。今民國歷史文化學社以該書為基礎，重予校對排印，公開出版，以期為民國史研究者提供重要參考資料。此不僅對國民政府、軍委會內部運作之研究、對蔣中正研究，以及民國史相關研究，均具重要意義。對陳布雷個人，其文字造詣深，忠勤任事，而生活淡泊，日記記事更給予後人諸多啟示。

編輯凡例

一、本套日記為原東南印務出版社編印，但最終並未
　　發行之《陳布雷先生從政日記稿樣》，自1935年
　　3月1日起，至1948年11月11日止。

二、本套日記依原東南印務出版社編印之版本，重新
　　以橫式排版，與原書排版方式不盡相同。

三、古字、罕用字、簡字、通同字，在不影響文意
　　下，改以現行字標示；原手民誤植之處則直接修
　　正，恕不一一標注。

四、部分內容為便利閱讀，特製成表格，並將中文數
　　字改為阿拉伯數字。

目 錄

民國 32 年

1 月 1 日　星期五　晴　四十六度

　　八時卅分起。枕上聞炮竹聲，滿懷歡喜欣喜改歲之樂，引起兒時回憶。惟願上蒼見佑，令我舊疴悉除，健康全復，俾能負荷職責，不因多病而曠廢工作，如是勗勉自效，以迄於抗戰之勝利也。九時卅分接重慶電話，陳、陶諸同志均集美專街，在電話中互祝新禧，並與望弟談話。諸人皆祝余專心療養，處中各事，願為分任云。郭子杰、胡子昂兩廳長及官大中處長來賀年。官君貽余湯糰一盤，製作極精，為食五枚，覺甘芳滿頰，此成都所謂「太太湯圓」也。中央日報今日出一大張半，用建國紙廠之白報紙印，紙質白淨堅韌，可作印刷郵票用。工業進步，亦大異於五年前矣。鄧君直、葉剛宇兩君來賀年，談至一時始去。午餐後小睡起。四時卅分偕默往少城公園散步，游人如鯽，街衢間充滿新年景象。六時到張公館晚餐，馬太夫人及馬劉慕俠、馬劉 XX 夫人同席。八時卅分歸，讀宋人詩。十時川分就寢。

1 月 2 日　星期六　陰　四十六度

　　晨興已九時許，乃不復去華西壩。蓋今日診所只開兩小時，以新年放假，十時後即停診。而允默口腔腫痛尚未全復，若再於極短促時間內拔除牙根，恐不勝其痛苦也。今日原擬早起，而昨晚睡不甚佳，雖服 IPRAL 二丸，亦無效果。中宵凡醒五、六次，故七時以後仍合眼靜

睡以補足之，不料乃晏起至此也。閱中央日報林主席元旦
廣播詞紀錄，條暢而穩愜，想即係許靜芝君所告王秘書之
所為，此才可造，暇擬訪問之。委員長元旦廣播稿未登
出，不知何故。以電話詢重慶，亦未接通。十一時往行
轅訪劉壽朋君，偕同至東桂街楊宅，祝楊暢卿夫人六十
壽，略坐即歸。午餐後仍小睡，三時有張陳亞芳女士來
訪，允默出見之。自言為天水行營參謀長張譜行之妻，
其夫殉職後來領恤金，生活甚苦云。四時卅分與默出西
郊散步，由奎星樓街，穿長順街而歸。六時赴楊璿熙、
懿熙女士之邀宴。岳軍、蓂池、伯中、簡濤、壽朋等均
到，飲酒一杯，至九時卅分辭歸。今日讀狄斯雷里傳卅
頁，接錢賓四函。十時卅分寢。

1月3日　星期日　陰　四十六度

　　八時廿分起。與祖望通長途電話，詢元旦文告中止
發表之故。祖望言，文字均已核定，因廢約談判尚在進
行，擬俟談判結束後再刊布之。彼時「中國之命運」小冊
子亦可付刊也。十時卅分方崇森君、楊國柱君、楊懿熙、
璿熙女士均來訪，與允默出見之。璿熙習醫，知允默口腔
浮腫，即為診視。其灑脫豪放似男子。談卅分鐘而去。何
人俊（華西大學農業研究所主任）、羅忠恕（同校文學院
院長）兩君來訪。羅君學哲學，創立東西文化學社於成
都，對溝通中英學術甚為熱心。攜贈余學社小冊，說明其
旨趣，亦有心人也。洪可南君來訪，告沈道古夫人於元旦

抵蓉,約下午往訪之。十二時卅分午餐,到成都以後,飲食稍求甘美,而每日輒費七、八十金,如此享用,只短時期可耳。小睡一小時餘。四時往鼓樓南街洪宅訪道古夫人,談滬上諸親友近況及旅途情形。知上海生活之昂,敵軍壓迫之酷,有非吾人所能想像者。臨行可南之幼子名子惠者,堅欲與余等同歸,乃約道古夫人及其幼女洛寶同過余寓晚餐。允默與道古夫人為同學,別將六年矣。八時卅分客去,讀狄斯雷里傳。十一時寢。

1月4日　星期一　陰　四十四度

七時四十五分起。昨晚睡眠不甚佳,中宵醒六、七次,然晨起精神尚暢適也。早餐畢,即與默同赴華西壩診牙,到達時為八時四十分,請林賽醫生來,與之商量保存右上顎兩齒事。林賽謂,兩牙根柢無病,然向下延伸太長,若必欲保留,則新牙之裝置不能如全部另裝者之堅牢。余告以如一、二年內無他患,則仍欲留之。宋儒耀君為轉述余意,卒決定暫不拔除。旋即就鑲牙室廖醫生處做裝牙模型,先將餘存之牙磨平,繼即做初模上三個、下二個,再至洗牙室,請黃醫生洗牙,將前下顎餘存之六顆次第刮洗,頗覺酸痛。黃醫謂此部分齒牙已壞,乃補攝X光片。發見牙根甚淺,然仍決定保留之。至十一時卅分洗牙始畢。允默今日去左顎之牙根一個,大牙一枚,出血較多,面部浮腫,其痛苦較余為甚也。午餐時均食稀飯,余更食麵包四片。到蓉以來,食量較佳矣。午後二時小睡,

至四時始起。允默經休息後，其炎腫亦稍平。晚餐時謂痛苦已減矣。接皚兒、皓兒及述庭兄各一函。夜讀狄氏傳約十五頁。與默閒談至十一時寢。

1月5日　星期二　陰、寒甚　四十二度

　　八時十五分起。昨晚睡眠又不甚佳，以屢醒為苦。殆由貧血之故，或亦年齡關係使然也。九時允默往華西壩診牙，余留寓未同行。讀傳記一章，致唯果一函，用英文寫，答其前月底惠書相念之意。又致錢賓四君一函，論民族文化晦塞之由來，望其努力振起學術。於經學家支離之敝、文章家華飾之習以外，揭闢一由史學昌明國故之途徑。此函長不過六百言，而費時一小時有半，始得寫成之。意有餘而詞不達，可知腦力之未全復也。十二時午餐，餐畢，未休息。今日向省立圖書館借得浙圖書館大字木板章氏叢書一部，披卷讀之，甚感愉快。二時到華西壩，允默同行。今日廖醫生為余試裝假胎，用臘質作託，凡試裝五次，又拓模型上下各一具，四時卅分完畢。與默同歸，小坐後即出外散步。由長順街穿窄巷至順城街、東勝街游覽，經將軍府而歸。凡步行一小時餘，通體暖適，忘氣候之嚴寒矣。夜窗外風聲甚大，疑將下雪。讀章氏文錄一冊，又別錄文四篇。讀古書如對故人，甚有味。十時服藥就寢。

1月6日　星期三　陰　四十二度

八時起。今日牙醫約下午就診，故上午得以餘暇讀書。又以昨晚服安眠藥，睡眠酣足，精神甚見充沛。所居小軒，三面皆設明窗，窗外臘梅盛開，倦讀之目，足資觀賞。據几披卷，自謂此樂得未曾有也。讀章氏文別錄一卷，致希聖、芷町、六弟各一函，又以短箋達望弟。向午得由辛來書，賀余假期多暇，謂十年以來恐無斯境，此語確也。十二時午餐，餐畢寫寄細、憐兩兒一函。並囑轉際明、樂，寫成以示允默，默笑謂余對兒曹亦作諧謔語耶，於此見君之心情開暢也。二時偕默同至華西壩，廖醫續為余配假牙。今日所製較昨日為完備，於模型上裝假齒，屢次裝套，加以修改。然以余齒牙呀豁已久，平時咀嚼偏於左側，故形態不整，甚難吻合。最後林賽親來驗視，命更製之，約八日再往。便道訪黃季陸兄未晤。四時與默歸。飲牛乳一杯，仍外出散步。由同仁路轉西大街，出西門游郊外，循通惠門而歸，已暮煙四合矣。由省立圖書館假得文集數種。五時卅分錢賓四君來訪，與談學風及戰後之社會改造，留共晚餐，至八時錢君別去。葉綱宇君來談。燈下讀龔定菴文。至十時十分乃就寢。

1月7日　星期四　陰　四十一度

八時卅分起。允默已赴華西壩診牙矣。十時後歸來，面頰浮腫，則今日又去牙腳一個，甚辛苦也。今日天氣嚴寒，室內雖生爐火，亦僅四十八度。竟日閉戶讀書，

未嘗外出。唐效實校長來訪，值午睡未晤談。午後明鎬夫人來訪，向晚官處長大中來談，貽予梁山柚子四個。近日不能食酸，感其意，姑受之。接明、樂來函。又接唯果四日所發一函，知英美廢約談判進行中頗有曲折也。上午讀章氏叢書。下午及燈下讀更生齋乙集。十時就寢。

1月8日　星期五　晴　三十七度

八時五十分起。十時至華西壩診牙。由黃瑞方醫師做洗牙工作。所謂洗牙，乃搜剔牙面牙腳，與齒牙間之腐蝕部分，刮垢磨光，使之淨潔之謂。黃醫生極精細，發見予之右上牙有需修補者。至十二時十分始洗刮完畢。回寓午餐，以天時晴美，不思午睡。允默主張游武候祠。一時駕車出城，瞻禮昭烈帝陵墓祠廟。所謂先生武候同閟宮者也。俯仰徘徊，殊深感慨。距廟不百武，即劉故主席甫澄墓園，並往游覽。墓園占地甚廣，竊謂其太侈矣。四時歸，讀黃仲則詩集及狄斯雷里傳。夜八時鄒斅公、張明鎬兩君由渝來，至寓相訪，攜來四弟等函，皋兒已到渝矣。十時卅分寢。

1月9日　星期六　陰　三十六度

七時五十分起。昨晚睡眠極不佳，中夜醒來，心緒頗感煩躁，若不能克制也者。三時後始朦朧入睡，故晨起甚為勉強也。盥洗畢，略進早餐，即與默同赴華西壩醫牙。今日允默由魏醫生為之補牙，而余則由廖醫生繼續作

裝牙工作，凡一小時許。將下顎之義齒為余裝上，略有壓
迫之感，亦不覺若何痛苦。惟中餐時試一咀嚼，則尚不能
用力。舌端齒根均有異感，而兩齒上下磨擊有聲，更使味
覺減少耳。十時二刻盧作孚、晏陽初兩君偕子杰、子昂兩
廳長來訪。作孚已檢驗肺部，醫者言患處已凝固，無他
虞，亦可喜也。十一時岳軍夫人來訪，贈果物二事。午後
小睡甚久，歷二小時餘始起。作書致魏時珍君，告不能去
農工學院作演講。鄧君直君來訪，談一小時許而去。傍晚
明鎬來談重慶所見聞各事，知中央日報誤載修約消息之經
過。百川此舉誠不免鹵莽，以此嘆宣傳人才之難。蓋謹愿
則流於呆板，而稍活潑者則又不明分際，不別公私，求見
之心太切，亦私之蔽也。早知公展無實際職務，不如以公
展任社長為妥矣。燈下讀定菴文集，十時卅分寢。

1 月 10 日　星期日　晴　三十七度

九時起。昨晚服藥一丸，雖亦中夜數醒，而睡眠較
酣。今晨精神乃轉佳矣。於是知安眠藥之尚不能全斷也。
寫寄唯果一函，又作一短函覆行恕、存恕二昆仲（唯果之
子），童稚天真，日前乃致書問余病狀，殊感其意，故以
書寄焉。又致皋、皓兩兒函，另附致皚兒函，同時寄去。
近年公務日繁，兒輩每歸省均值余有事，或雖無工作而意
不樂，往往入門相對，兩三語外即寂然焉。父子骨肉乃爾
疏隔，思之慨然。今稍閒，故宜勤與兒輩作書也。十一時
張君明煒來談，謂明後日去重慶訪道藩、滄波商社務，言

下有引退之意。余切勸其不可。午餐後續作諸友書（寄力
子、文白、滄波各一函，寄滄波函中頗勸其致力於文字，
不知能納我言否。滄波實能文，而近年怠於動筆，且不免
心浮氣粗，以流於率。美質不斲，坐令摧喪，余常為彼惜
之）。四時偕默外出，游少城公園，遇黃君仲翔。邀同至
美術協會觀張蘐芝（華陽人）先生遺畫展覽，頗多佳作。
又觀山西人洪洞董君之畫展。在市中購果物而歸。夜以傷
風，患頭痛。讀仲則詩，十時卅分寢。

1月11日　星期一　陰　三十六度

　　八時起。昨晚雖服藥，但無功效，睡眠仍不佳。欲
求如永川逆旅中一枕酣眠，直至天曉者，乃不可得矣。
失眠之患，其根本原因當在血衰。治之之道，當在注射
補血針。然余肌肉缺乏吸收能力，以致屢治屢輟，此次
休養中日服 LEXTRON 二、三丸，又服三七精粉每日
三錢，已逾半月，尚未見效。可見治病宜早，茲年歷日
衰，則事倍而功半，可勝嘆息。盥洗畢，與默同赴牙科
醫院。默修補右側之牙，而余則就廖醫生續為裝牙工
作。廖醫檢視余下顎已裝之假牙，謂其位置頗正常，余
自覺左右側不能同時咀嚼，請其注意。但彼謂不妨事，
久則慣習耳。復為余試裝上牙之蠟底模型，試配五、六
次後，林賽來視，曰可矣。約星期三再就診，遂歸。午
餐後寒甚，不能外出散步。鄒斅公偕張君（前軍校總務
處長）來訪，略談即去。午睡一小時許，至四時起。接

實之表弟函，告中央黨部各事。晚岳軍先生以電話詢余起居，並告中央決定對康藏各事。燈下讀羽璆文集一卷，閱狄斯雷里傳五十頁，狄傳為 ANDRE MOUROIS 著，筆墨生動可愛。十一時後始就寢。

1 月 12 日　星期二　陰　三十五度

九時起。昨夜睡眠仍不甚佳。今日天氣甚寒，室中生爐火，亦不覺煖。天容如墨，大有雪意。昨晚睡夢中聞檐瓦颯颯作響，迨已下雪子矣。允默仍去華西壩補牙，十時卅分歸。余上午無事，頗思作函，報家人諸友，而意緒散漫，不欲執筆，知近日腦力不佳也。閱報知中英、中美新約於昨日在重慶、華盛頓分別簽定發表，大致與在渝所聞商定約稿相同。惟英國對九龍租借地未放棄，殊為美中不足耳。廢除不平等條約之目的，若從北伐成功時計算，凡歷十六年而始獲此初步之成功，可見復興非易事也。十一時黃季陸兄來訪，談川大遷校回成都事及川省黨政工作之瞻望，約一小時去。接王芸生君函告，不日赴美。又接細、憐兩兒來函。到此以後，獨未接泉兒函，為念。一時午餐，餐畢小睡至三時卅分醒。致實之、芸生、祖望及四弟各一函。明日遣車回渝，交其帶去。傍晚張明鎬、官大中兩君先後來談。余向晚頗忽忽不樂，今日患消化不良，晚餐為減食焉。昨、今兩日西區均停電，在燈光下讀狄斯雷里傳七十頁，此書今日讀畢。十一時十分就寢。

1月13日　星期三　上午陰、下午雨　三十八度

九時五十分起。今日各報揭載委員長對平等新約訂立之廣播詞，勗勉軍民自立自強，蓋即希聖所屬筆，原定於元旦發表者也。中央日報載社評，亦希聖所撰，詞意深遠，然恐讀者未易明其微旨所在耳。今日氣候仍陰沉而寒冷，圍爐讀書，以遣永日。午餐後未休息。二時赴醫院，廖醫生為余試套上顎之假牙，頗枝捂作痛，請其修改之。四時歸寓，馬少雲夫人來訪，言下週歸寧夏矣。夜仍無電燈，在燭光下讀小學答問。十一時寢。

1月14日　星期四　陰　三十九度

八時卅分起。允默往醫院補牙，余在寓讀書，閱小學答問畢，又讀國故論衡一卷。閱報載英美各界對廢約事之評論，以太晤士報之論文為最警策，英國輿論漸有覺悟矣。午餐後休息，二時卅分偕默再至醫院。今日廖醫生為余裝上顎之牙，再四改製，終不能合適，試裝之而歸。四時卅分與默同出外散步，由奎星樓街出城，北行進西門而歸。天色晴霽，明日當較暖矣。接王芸生函，知赴美之行作罷，甚以為怪。何吾黨之示人不廣耶。讀國故論衡，十時卅分寢。

1月15日　星期五　陰、正午晴　四十度

八時卅分起。讀國故論衡一卷，檢論二卷，太炎之學實有本原，非同剽竊，然今日讀之，則有陳義甚疏者，

時代為之也。接錢賓四來函,論中西文化之異同。午餐後
與默至通惠門外散步,略有陽光,遊行至適。遙望有叢林
甚茂密,繚以圍牆,思往訪其勝,稍前行,遇張君乙盦,
詢之乃二仙菴也。欣然導遊,崇閣三重,殿宇至偉。謁其
方丈孫君,承命其知客道士楊姓者伴余等往青羊宮游覽,
蓋去菴不半里。余二十四年曾偕芩西來遊,今幾不復憶其
地矣。盤桓久之,仍與張乙盦君同歸。至城門別張君北
行,經大西門而歸。凡步行三時有半。燈下讀兩當軒詩。
十一時寢。

1月16日　星期六　陰　四十一度

　　八時卅分起。昨晚洗浴後就睡,睡眠較暢。九時允
默先去醫院,九時卅分余亦繼往。仍由廖醫為配修上顎之
假牙,林賽醫生復來驗視,並邀入他室談話。以白鹿頂山
舍租賃事託余轉達辦公廳,注意交代手續,允之。十二時
歸寓,接四弟及希聖各一函。午餐後二時午睡至四時醒。
食牛乳一杯,仍與允默出西郊散步,由大西門出城,繞三
洞橋,穿奎星樓街缺口而歸。心境暇適,血脈舒暢,步行
洵有益哉。傍晚郭子杰、黃仲翔兩君來訪。晚餐後承邀往
華西大學觀燈影戲及邊疆諤舞燈影戲。以牛皮剪人偶形,
以兩手牽舞而伴以歌樂,雖鄙俚,亦別有風趣。十時卅分
歸。乃寢。

1月17日　星期日　晴　四十三度

八時卅分起。今日天氣晴美，以與岳軍主席有約，故竟日未出門。以彼有公務，其時間不能自由支配，故余必坐待之也。昨晚七時半金城銀行被盜劫。匪徒七人，均持刀械，職員及工役被鎗擊斃命者各一人。鬧市如此，則治安情況可知矣。明鎬以十時來訪，談至午餐後去。午後小睡。允默出街購物，余在家讀書讀新方言一卷。傍晚五時岳軍來訪，談中樞近事及西康情況與川大教育。七時卅分去。夜仍讀書，致述庭一函。十一時服Allonal二丸後就寢。

1月18日　星期一　陰　四十三度

八時卅分起。九時官大中君來，伴余至正府街公立醫院。戚壽南院長已在院相候，為余檢查身體。先診脈為九十跳，測血壓為一二七。繼視喉部、肺部及腹部，又抽血驗視，自左耳及左膊靜脈各取血若干，並請其檢驗大小便。戚院長並導余參觀，各部布置井井有條，有精神病科病房，就療者十餘人，學生佔其半。可見社會問題與教育界畸形狀態之一斑。十一時辭戚君歸寓。鄒斅公君來談甚久。午餐後昏昏思睡，然未就床，僅圍爐略為合眼而已。諸友及家人信札待覆者甚多，自四時起作函十一緘，分寄道藩、希聖、岳軍、滄波及六弟、四弟、泉兒、細、憐、明、樂，又致朱科長葆儒書，均明日發。十一時寢。

1 月 19 日　星期二　陰　四十三度

晨八時五十分起。九時卅分到華西醫院 X 光部訪邱
主任，請檢視胸部。坐待十五分鐘後，適因停電，不及檢
查乃歸。趙君本楨（擷金先生之孫）來訪，仍未見也。接
四弟來函，附芷町函。午餐後倦甚小睡，至二時起。二時
卅分到牙科醫院，由魏醫生為余補右上側之損齒，銼削剔
抉凡一小時餘，幸用局部麻醉，未劇痛也。事畢，孔仁醫
生與宋儒耀醫師約余夫婦茶敘。孔為匈牙利猶太人，操英
語不熟，而對余甚誠。謂余謙和可親，彼所僅見云。五時
歸，仍與允默往西城根散步，約一小時回寓。夜讀卷施閣
乙集文一卷。十時停電，遂就寢。

1 月 20 日　星期三　陰、下午微雨　四十四度

八時卅分起。昨晚屢醒，然亦睡足六小時。早餐
畢，匆匆赴華西 X 光部，主任醫師至九時卅分始來，為
余檢視胸部。用 X 光透視結果，謂肺部無病。十時十五
分回寓，與允默出外散步。白西大街出城，經某小麵館吃
點心。舍車而步，雜稠人之中，乃能發見真樂趣，此境近
來不常有矣。由奎星樓城缺入城，十一時歸。接李家小弟
妹信，又接六弟信，讀新華日報評新約之文字。午餐後小
睡甚酣。武鳴來訪，未晤。四時方起。今日不讀書，閒談
而已。夜致積祚信。十一時寢。

1月21日　星期四　晴　四十四度

九時起。昨晚睡眠不佳，晨起覺神疲而頭痛。略進早餐，閒坐讀書，終覺精神不暢。乃復就枕小憩，仍未合眼也。官大中處長來，未及起迓。十一時卅分起。楊璿熙女士來問疾，談卅分鐘去。午餐後一時卅分到華西壩診牙。天時晴美，日光大好，在草坪上散步一刻鐘。繼乃就廖、魏兩醫士治牙。晤吳挹峯君，未詳談也。四時卅分事畢，往陝西街訪陳武鳴仉儷。六時歸，張乙盦來談。服LUMINAL 二丸，夜十時就寢。

1月22日　星期五　晴　四十七度

十時起。睡眠已足，精神殊暢。十一時到華西補牙，魏醫生為鑲就金胎，尚待明日裝置也。十二時歸，發芷町一函，金城銀行周子能副理來訪。午餐後戚壽南（字東海）院長來訪。告余檢驗結果：

（一）胃腸良好；

（二）心臟無恙；

（三）肺部僅左肺上端有兩小黑點，當係弱冠時之病，已結痂多年，無疾病；

（四）胃部亦無恙；

（五）血液赤血球四百卅五萬，較正常者少六十五萬，較之以前已有進步，但血色素少耳；

（六）大小便均正常；

（七）惟神經過敏為僅見。

　　囑余應多休息，多運動。處方一劑而去。時已三時，乃往遊望江樓。

　　以今日天時晴暖，陽光煦麗，為蜀中所僅見，乃約張明鎬君來寓，冀同出遊，以客來遲至三時始發。允默同往，先至五洲藥房配藥，遂出東門至川大農學院前，舍車而步，約里許即抵望江樓，今闢為成都第一郊外公園。園內即薛濤井故址。自光緒二十五年後，頗多興築，謂復其舊觀，實則亦依稀想像之而已。薛濤井猶存，其水清冽，烹茶極甘。余久未嘗綠茶，試汲一杯飲之，極清美，殆亦渴者易為飲耳。本地人相傳，謂井水有甜味，實則地近錦江，江水本清，較之城中井竈萬家，水味鹹苦者，自不同也。園北有小軒供薛濤像，購薛濤詩集一冊歸，貴州陳矩所輯。園內有榮麗閣、浮杯池、濯錦樓諸勝。濯錦樓上懸趙堯生先生詞，錄之如次：

　　翠樓吟

　　丙辰，余將赴榮州故里，送者卅九人，賦以話別。月過中秋，茶香碧井，登樓又訪弘度，木犀黃噴雪，醉金粟，如來風露，高邱無女，試北望闌干，神州前路，江聲怒，雪山西斷，海潮東注。

　　日暮，當代名流，有黨人遺耇，淚邊留注。枇杷門巷古，各澆取桃花人墓，明朝何處，看古塔官津，無羌煙樹西風苦。酒醒人遠，一帆歸去。

其他題詠荒傖鄙俚，不足觀也。五時出園，順道遊四川大學新址。平蕪夕照，江水安帆，行眺其間，致足樂也。六時入城，明鎬酌會於某金陵酒家，仍過五洲藥房小坐歸。夜十一時寢。

1月23日　星期六　陰　四十六度

八時卅分起。昨日游覽半日，且夜間就浴，至感溫適，血脈調暢，故睡眠甚佳。惟皮膚起細疹，四肢尤甚。此余近年在冬季十一、二月間常有之症候，今年未發，不謂乃終不免也。戚醫生既云余血液無毒，則當為一種皮膚病，當再請皮膚科醫生診治之。十時到華西牙科，再度裝配假牙，並完成鑲補工作，魏醫生為余修嵌右側之第一牙，又填補第二牙（以銀粉填之云已不堅牢矣，至第一牙則以金質鑲嵌也），至十二時許始完。與允默相偕出院，宋儒耀醫師伴余等往訪神經專科醫生程玉麐，適出診未歸。轉至華大圖書館借書籍兩種而歸。午餐畢，已二時。明鎬兄來，與之偕出遊覽。先游北門內文殊院，為成都城內一名剎，殿宇宏敞，入其正殿遊覽，有墨繪羅漢像十八幅，絕精美。寺中適在午餐，故未入方丈，盤桓四十分鐘即出北門。至昭覺寺游覽。晉代古剎，清初所重修者。其地今為XX工廠。由柯嘯梧君導觀廠內各部，工作勤奮，殊可敬也。晤方丈定慧，參觀寺內各部，歷一小時餘。定慧善應酬，而言不雅馴。六時仍由原路歸。夜讀朱光潛心理學。十時十五分寢。

1月24日　星期日　晴　四十九度

八時起。昨晚為斑疹所苦，時時醒覺，睡眠不甚佳。九時彭鎮寰君來訪，彼將去西安，就戰時幹部訓練團黨務訓練班事。談及力子先生近狀，謂中央似宜畀予一較實際之工作，余頗同情其言。力子精力彌滿，堪任繁劇，而不以為苦。且其精神積極，觀事明銳，亦為中央同志中所僅見，而以某一部分人對之有成見，故屢遭挫阻，余以為非任賢使能之公也。十時偕允默往訪吳貽芳博士於金陵女子文理學院之教員宿舍。客室陳設樸素之至，令人欽佩教育家清苦之風格。此等處，國立諸校或不如教會學校也。叩其對於教育之見地，彼為述其辦學經驗，亦多精到之語。余擬令細兒下學期入彼校服務，並選課數種。蓋以女子教育惟在親炙一女界良師，乃始能獲得完全之修養耳。談一小時餘，十一時卅分歸。至少城公園散步又一小時，午餐已在一時後矣。寓所內新移來周子能一家，略感囂煩。午睡未熟，四時起。外出散步，由金河街沿堤行，絕似杭州浣花路。再出通惠門，行里許而回。夜周、葉二君來談。十時寢。

1月25日　星期一　陰　五十度

八時卅分起。天氣陰晦，以致遲起。今日電呈委座，擬展長假期至二月二十日，不知能獲准否？盥洗畢，即至公立醫院訪戚院長覆診，乃久候不至，遣人至其家，詢之知已赴張主席家，遂與該院職員巫遠謨約定明日再

往。十一時歸寓，吳挹峯兄來訪。彼亦以醫牙疾來此，互道經驗，可云他鄉逢同鄉，且逢同病矣。挹峯不願再任浙省黨部主任委員，為余談浙事甚詳。旋張君子纓來訪，亦為其夫人療病事而來也。一時午餐，餐畢倦甚，小睡至二時。再至華西壩治牙。允墨今日裝設新牙，余則就廖醫處再為試配。以上胎屢經修改，終不合適，廖醫及李醫均主張重製上胎一副，余極贊成，遂約定明日再往。四時以宋儒耀醫師之介，往訪神經病專家程玉麐醫師。程君移時方歸，詢余家世生平及得病原因，以及個性嗜好等等甚悉。余一一詳述之。彼並以器具測驗余之感官，最後謂器官神經均健全，惟機能神經或衰弱耳。為余論攝生擇業及調劑工作疲勞之理，直至六時始別。宋君送至門首，甚感之也。夜無事，讀遊記二、三篇。與默閒談。至十時卅分寢。

1月26日　星期二　陰　五十一度

　　昨晚服安眠藥，睡眠極酣，隔室兒啼，一未聽聞，直至六時始醒，仍有倦意，再復合眼，比起床已九時十五分矣。到成都後，從無如今日之睡足者。起後精神舒暢之至。九時三刻到公立醫院，戚院長已坐待，導余測驗體重，竟達一〇四磅，較之在重慶時約增加十磅，大喜過望。戚若並囑余注射一種增進消化之藥針，名INSULIN者，今日起即為注射半西西。旋又請翁之龍醫師（皮膚科主任）診四肢發疹之疾，翁君授余藥水一種，囑敷擦患

處。十時卅分事畢歸寓。接四弟及皋兒各一函，又接滄波一函，論古今文體，其所見與余頗有相異者。余竊訝其陳義過高，而於此中甘苦尚體會不深也。十一時鄧君直經理來訪，十二時外科專家董秉奇醫師及張子纓兄來訪。董君擬設立外科學會，創設外科專門醫院，冀以其心得廣為流傳，俾造成多數外科人才，其用意極可感佩，蓋異乎一般醫士之只圖自利矣。一時卅分午餐，二時卅分到華西治牙，先製假模，為試裝之。四時歸，散步通惠門外一小時餘。七時晚餐，夜讀朱著心理學。十一時就寢。

1月27日　星期三　陰　四十四度

九時起。天時又轉陰寒，不辨時之早遲。且近來早晨貪睡，故遂晏起如此。擬俟下月起革除此習耳。午前作函數緘，自驗腦力尚不能充分運用，偶有較複雜之意，不能暢達，乃至文字艱澀特甚，殊不解何以恢復如此其遲緩也。今日發出李唯果兄一信，為宋儒耀君商量出國護照事。宋君與余一見如故，此來診牙，獨蒙其多方關切，且對余疾病及神經衰弱異常同情，躬任介紹往謁專醫，其熱字可感。對其出國深造，自當為之協助耳。上午致滄波一函，勗其致力文誠。又致許靜老一函，為公立醫院請增補助費事。接九妹來函，即覆一緘。並致細、憐兩兒一函。十二時戚院長來，為余注射INSULIN針。一時午餐，餐畢到醫院診牙，仍為修改上胎，作試裝手續。允默拔取6A牙一顆，牙根粗大，拔除時不免痛苦。休息至七時方

血止也。四時卅分明鎬來訪於寓，閒談往事，直至六時後去。劉壽朋君來訪，談半小時。今日天氣驟寒，余頗感不適。且喉頭腫脹作痛，至夜尤甚，視之小舌垂下甚多。讀天方夜譚至十一時就寢。

1月28日　星期四　陰　四十四度

八時三刻起。昨睡較暢，今晨喉頭腫痛已減。允默到牙科醫院敷藥，余在寓作致亮疇、階平、滄波、雪艇等函。閱中央日報及大公報論文各六、七篇，中央日報之評論似有進步矣。戚院長於一時來寓，再為注射針藥。二時小睡至四時乃起。嗜睡至此，甚可異也。與岳軍通電話，商小冊子翻譯事。五時出通惠門外散步，六時卅分歸。夜黃仲翔、任覺五兩君來訪，約明日敘餐。燈下讀小說。十一時寢。

1月29日　星期五　陰、下午晴　四十二度

八時起。昨晚未服藥，睡中屢醒，四時後即未熟睡，晨起後精神不佳，且意緒又稍感煩亂。作函一緘，致六弟，欲再作事已無力，乃就床小憩，亦未能就睡也。頭痛又作，為到蓉以後之第一次。旋霸兒侄與洪之回小弟弟同來，引之玩耍唱歌以解悶。小孩活潑天真，令人煩惱胥蠲矣。一時戚院長來，二時到華西牙科整牙。四時歸，天色陰沉，遂未外出。六時應軍校同學二十四人之約，到陝西街陳寓晚餐。八時歸，閱小說。十時卅分寢。

1 月 30 日　星期六　陰　四十四度

　　八時卅分起。昨晚睡眠稍佳，惜天氣陰沉太甚，精神未能開暢也。萬武樵君饋自製魚圓及臘肉等物，卻之不可。此種酬贈，在戰時亦殊為浪費耳。允默去醫院診牙，余未同去，在寓讀詩，並閱小說。午餐後又小睡一小時餘。四時陳克成兄來訪，贈余廖平著今古學考及張澍讀詩鈔說。五時戚壽南君來，為余打針。明鎬亦來談。夜接積祚函，附士剛來件，又接益元弟函，得悉外姑居慈近狀，殊為懷念。十時十五分就寢。

1 月 31 日　星期日　陰　四十四度

　　八時起。昨睡尚佳，但多夢耳。九時後覺天氣轉寒，當在四十二度以下矣。今日仍無心作事，溫讀后山詩集一過，覺醰醰有至味。吾於此君詩百讀不厭，亦不自解其何因也。午餐後以怯寒故小眠取暖，乃至酣睡。夢見母氏及三姊，又夢與貞柯同在江北泗洲塘談話甚久，醒猶憶之。四時醒，偕默出遊，自通惠門外循村落往南行，過太極橋，無意中乃至百花潭。澄江一泓，時有匹練濤聲，塔影景物之幽勝，不可言狀，留連潭畔，不忍遽歸，六時始循環城馬路過建軍門而回。夜十時寢。

2月1日　星期一　陰　四十二度

　　八時十五分起。昨晚睡眠又不甚佳，今晨頭痛未
已。與允默研究頭痛之原因，或係炭火太熾之故也。閱報
知滇邊國境之戰頗劇，敵人陸續增援，其將有蠢動歟？自
去年在黃山與健羣談話，常以滇事為憂。龍主席左右稀正
人，擁貲既富，意氣日益衰，省政不飭，軍政界仍惟植勢
徵利是圖。健羣謂此乃政治上最弱之一環，幸敵人未深
知。苟其知之，必將圖逞矣。因此聯念及於康藏問題，不
知近來中樞決策復奚似耳。值艱難抗戰之會，而對地方割
據勢力仍不能不妥協敷衍，以此知中國統帥之不易為也。
午前在寓讀詩，為張一盦君題其尊人張蘅芝先生遺墨。蘅
芝工畫，藝事不俗，聞人品亦高，掌教師範二十餘年，弟
子甚多云。午後二時到華西裝配上顎新牙，此為重製者。
試之甚合適，咀嚼即便，即說話發音亦無甚障礙矣。為孔
仁醫師寫字，孔匈牙利人也，得予書甚喜，云將攜回其
國。今日允默病，有微熱，故未去醫院。余亦怯寒殊甚，
不思出外散步。四時小睡，六時起。仍擁爐讀書。夜得希
聖廿八發一函。十時卅分寢。

2月2日　星期一　上午晴、下午陰　四十四度

　　八時起。今日天氣已轉晴和，余以睡足，精神頗
佳。不欲枯坐，乃偕允默出遊。先至金河街購布未諧，遂
同出通惠門，再遊百花潭。與前日之遊，意趣各異。蓋晴
空照水，遊人較多，又是一番境界也。留連甚久。私謂如

築室讀書於此，不亦人生之至樂乎。十二時許始返。午
餐後小睡。二時卅分戚壽南醫師仍來為余注射強胃針，
百忙中抽暇相過，真信人也。允默又去一齒，頗作痛，
遂未出遊，讀書陪伴之，略有頭痛，服 AMYTAL。夜十
時卅分寢。

2月3日　星期三　晴　四十六度

八時十五分起。天氣暢晴，心胸為之一舒。在庭前
曝日久之。十時偕默到華西牙科，魏醫生為默補牙，今日
完竣。廖醫生未到院，約新年再往。歸時至少城公園，在
日光下散步一小時而回。默自前日起有微熱，今日熱稍
高，為卅七度八，午後戚大夫仍來，為余注射，請其為默
處方焉。四時外出理髮，仍出通惠門外遊覽四十五分鐘。
途中遇軍校學生多人，皆身體健壯可喜。六時回寓，楊孝
慈君饋食物。燈下閱麥奇尼可夫著生命論，論醫甚有趣
味。十一時卅分寢。

2月4日　星期四　陰　四十四度　壬午除夕

八時卅分起。上午允默仍至牙科醫院繼續補牙，予
以其連日發熱，勸其不必往院，彼不肯失信，仍準時往。
比回來，則知林醫又為鑿去齒床骨之凸出部分，出血甚
多，余殊慮其太辛苦也。今日余終日未出門，天時陰沉寒
冷，心緒為之陰鬱，頗覺悲悶無端，若有無限煩憂蘊蓄心
坎也者。為孫元良將軍題紀念冊，錄程頌雲先生除夕感懷

詩以勉之。彼意欲余贈以一詩，余不能為韵語，殊負其意
也。午後又小睡一小時餘。允默於傍晚又有微熱，似瘧非
瘧，不辨為何症候。彼既不能出門，余亦遂廢散步常課
矣。岳軍先生饋燻雞、臘肉及蜜餞數事，又以電話慰余歲
暮寂寥。良友之意，洵可感激。馮志翔君自渝歸蓉，來寓
相訪，為道渝地諸友盼余早歸甚殷，尤以宣傳方面諸友人
為甚。余亦自知病假太久，於委員長及各方之聯繫上必多
不便，決於十七、八行矣。今晚為除夕，成都人家均循舊
曆度歲，余寓中清絕如水，計客中度舊農年，除二十三年
在南昌外，以今日為最清寂矣。明日以後將為五十四歲，
流光如駛，可勝嘅嘆。夜十時洗澡就寢。

2月5日　星期五　陰雨　四十二度　癸未歲首

六時即醒。七時起，天尚昏黑也。僕役等尚沉睡未
起，自取水盥洗畢，燃燈獨坐，寫奇大哥一長函。既而覺
其詞太激楚，又改寫之，九時卅分始完。積月懷想，為之
一吐。寄四弟請轉發焉。鄧君直及葉、周兩君與曾濟五君
（金城渝總行副經理）來賀年，坐談卅分鐘去。行轅李放
六處長來談。洪可南兄率霸兒來賀年。旋官大中君亦來。
午後小睡約兩小時，允默今日仍有微熱，至六時餘始退。
接蔚文主任電，催余早返，不知何故。夜圍爐讀書，有風
雨。十時寢。

2月6日　星期六　陰　三十八度

九時起。昨晚與蔚主任接長途電話未值，乃以電話囑四弟轉詢。下午得覆，始知無要事，乃不復變更歸期矣。今日天氣陰晦，而奇寒不可忍。允默小病未癒，枯坐相對，殊覺抑抑寡歡。且近數日來常患頭痛頭暈，亦殊不自知病因何在也。冷曝東君來談西康事，約卅分鐘而去。中央對康省軍政屬望於劉自乾主席者甚厚，近日正在由岳軍先生與劉面商，聞已談三天，尚無結果也。下午仍小睡二小時。入夜寒轉甚。讀卷施閣文集。十時卅分就寢。

2月7日　星期日　晴　四十一度

九時起。天氣暢晴，寒氣稍減，而余心頗復多感。緣昨晚得重慶電話，知委員長患傷風，聞某日咳嗽甚劇，痰中有血，想見甚憂勤過度，在理余宜早歸，今醫療手續未完，甚悵悵於心也。允默之恙今日似已稍癒，午後擬出遊，以散鬱悶。午餐後任覺五君來談，一時卅分去。戚醫來注射。乃與默驅車至東門外望江樓茗坐遊憩，二時卅分回寓。四時卅分岳軍先生過談，對康藏軍政、國際近事及經濟管制等事均有論列。六時後始別去。同鄉謝天鑽君來談。燈下讀更生齋文。十一時就寢。

2月8日　星期一　晴　四十度

九時起。近日常有頭痛頭暈之疾，今日則復有心跳，頗劇烈，約二分鐘始止。不知係注射INSULIN 之故

歟？抑神經之疾未癒歟？念之甚為悵惘。十時偕默至牙科
醫院診下顎新補之牙，擬重製一次。十一時歸。十一時斅
公來談四川軍事問題及中央軍校退休各員之安置問題。午
餐後疲甚，靜坐小憩，約入睡三十分鐘。三時至奎星樓街
十七號魏宅茶會。岳軍、幼椿咸集，共商川康農工學院之
經費。幼椿、時珍並向我等申明中國青年黨之態度，談至
六時卅分歸。晚餐後往訪唐副議長德安，未晤。夜十一時
就寢。

2月9日　星期二　晴　四十度

八時卅分起。天氣暢晴而多風，余昨晚雖服藥，睡
眠仍不甚佳。九時駱德榮君來訪，以將外出，未與談，僅
在門口首略談數語而已。九時十分到牙科醫院攝取模型，
決重製下胎一具。張麟高校長來談甚久。十一時回寓，接
雪艇來函。午餐後仍靜坐小憩，戚醫來為余注射。二時到
陝西街存仁醫院，請陳耀真先生驗目配光，戚君所介紹
也。陳醫廣東人，眼科專家，對余甚和藹周到。檢驗結
果，謂余兩目皆有白點，當係十年前有目疾。今散光及近
視並深，宜御目鏡。即至精益眼鏡公司定製焉。四時偕默
出遊郊外，在太極橋畔游覽甚久，夜無事，十時寢。

2月10日　星期三　晴　四十一度

八時卅分起。昨晚睡眠尚足，但今晨仍略有頭痛。
又近日下肢作痛，昨、今兩日尤甚也。讀中央周刊兩期，

材料頗豐富，而本黨先進之作品太少，則為名不副實耳。
力子先生夫人今日自蘭飛渝過成都，岳軍夫婦往迎於機
場，余等得訊較遲，故未往也。午後三時與允默同赴華西
壩牙科院，余今日試裝重製之下胎，似頗合適，較前次進
步矣。四時卅分往訪岳軍伉儷，與張夫人談甚久。至六時
回寓。今日午刻虞祥卿約午餐未往，傍晚接由辛、志游來
函，又接蔚文來電。夜無事閒談。十一時就寢。

2 月 11 日　星期四　晴　四十三度

八時五十分起。接思想與時代第十七期，閱學術論
文數篇。十時偕允默到金河街購物，十一時歸。接壽朋兄
電話，謂宜昌有敵機四十架起飛，旋知在三斗坪盤旋後已
降落原機場矣。午後一時卅分與默偕往華西壩，余再修改
假牙，而默則重製下顎假牙一副，且請朱醫生用藥塗敷傷
口焉。出醫院後至沙河堡大觀堰遊覽而歸。戚醫再來注
射。接許靜老及唯果、皓兒各一函。鄧經理來談。夜閱報
紙論文。十一時就寢。

2 月 12 日　星期五　陰　四十六度

八時卅分起。今日天氣轉暖，筋骨為之舒暢，想從
此不復再有嚴寒矣。九時卅分往公立醫院訪戚院長，再權
體重，約為一〇八磅，較半月以前又增數磅，甚自欣慰。
駱德榮君來訪，述其志願，欲赴新疆工作。張伯常君亦來
談，卅分鐘去。又蔡衣如女士來訪，琴孫兄之長女也。午

後往牙醫院，為允默診牙。往游華大博物館。收藏陶器、
泉幣及康藏民俗用品甚富。應林賽夫婦之約茶敘，一小時
餘而歸。夜九時往訪劉壽朋君，值外出觀劇，未晤。十一
時就寢。

2月13日　星期六　陰　四十七度

八時卅分起。官大中處長來寓，與談卅分鐘。擬下
星期回渝矣。九時卅分往訪鄧晉康主任，談一小時。詢潘
仲三主任，知上午不會客，乃至劉自乾君之方正街寓所。
適張伯常君亦在座，旋劉君與余詳談康藏近況及彼在軍政
上之措施意見，觀其意象，似有改正作風之覺悟，乃以中
央政策及地方疆史應取之態度直告之。談約兩小時始別，
可謂詳談矣。午後小睡。吳藹宸君來訪。準備回渝諸事。
六時到文廟前街任覺五公館晚餐。到陳、吳、李（蒸）、
梅（貽寶）諸校長及陳、萬兩教育長。歡敘至九時後歸
寓。覺談話太多。十時卅分寢。

2月14日　星期日　陰　四十七度

八時起。九時岳軍先生來約往遊灌縣，九時十分出
發，十時過郫縣，十時卅分到灌縣。先至中央銀行小憩，
經理謝君子輿，可亭先生之婿也。略坐即出遊，參觀都江
堰索橋及魚嘴（分水用）諸工程，攬飛沙堰等諸勝。繼入
二王廟瞻禮，廟祀李冰父子，道人守之。小坐遂歸。灌縣
縣長孫實先、水利局工程師張有齡及河南梁仲華來同遊。

二時午餐，餐畢登伏龍觀眺離堆左右之景，留連久之。三時卅分由灌縣動身，五時回成都。往精益公司取定製之目鏡，訪鄒斅公君未晤，遂歸。夜閱都江堰水利紀略。十一時寢。

2月15日　星期一　陰、微雨　四十八度

　　九時卅分起。天色隱晦，昨睡不甚酣足，故晏起也。明鎬來談自身工作，勸其勿過求高位，若政界無可當意，不如改就他業為得計。蓋深知其秉性忠厚，不長肆應，故直言以告之。作函數緘，並為諸友寫字數幀。鄧君直兄來話別。戚壽南君過訪。二時卅分到華西牙醫院，允默整理新補之牙，尚稱舒適，結束付費迄，與宋儒耀諸君握別歸寓。洪可南仉儷弟來訪，霸侄同來。六時赴萬教育長宴，到白副總長等多人。又赴武鳴兄之宴。十時回寓。十一時卅分寢。

2月16日　星期二　陰　四十六度

　　九時十五分起。接重慶電話，知渝友均勸余以飛機行，乃復變計，與白副總長商擬與同機回渝。十時卅分沈薇芬女士來訪，旋冷曝東君來談，鄧君直偕王興東君來話別。鄧君為余攝影一幀。十二時鄧晉康先生來訪，約同赴西郊康莊午餐。今日鄧、潘、張、黃、向、劉（自乾）、張（伯常）諸君公宴健生，並為余餞行，游覽康莊景物，飽餐豵談，至四時許始罷。自乾同來余處話別，旋明鎬來

談。五時卅分偕默赴張宅辭行，談一小時歸。夜九時往行
轅訪壽朋主任。十一時就寢。

2月17日　星期三　上午晴、下午陰　四十八度

九時起。到成都恰滿兩閱月，今日決定回渝。上
午收拾行囊，並作告別函。十一時岳軍先生夫婦來話
別。萬武樵夫人來訪。明鎬兄亦來談。午餐後，二時與
鄧君直、官大中兩君同至機場。郭子杰廳長來送。三時
卅分起飛，白副總長及空軍人員多人同行，不及一小時
即到重慶。芷町、祖望來迎，與允默同車回寓。力子、
唯果、芷町均來晤談，重見驩然。旋滄波、道藩兩兄來
談。晚餐後賀貴嚴兄來談渝市經濟管制情形。修改新生
活運動九週紀念講稿。九時謁委座，談卅分鐘。歸與諸
弟談話。十一時就寢。

2月18日　星期四　陰　五十一度

八時卅分起。發謝電兩通。九時卅分芷町來談組
務，希聖兄自南岸來，談小冊子編訂經過。旋乃建來報告
組務，謂委員長擬設置調查組，此案在研究中。達程、國
華諸君亦來談。實之弟來談。唯果夫人挈其兩孩來訪。午
餐後誦盤、積祚、益弟等均來訪。唯果兄來談別後情形甚
詳。今日竟無暇午睡。約益弟談卅分鐘，詢滬甬諸戚友情
形，旋往訪蔚文主任及亮疇先生、鐵城先生。各談卅分
鐘。訪立夫兄未遇。六時回寓，道鄰、公弼及鄧、秦組長

先後來談。由辛、孟海來談。閱六組件及四組件文件。
十一時卅分就寢。

2月19日　星期五　陰　四十九度

八時卅分起。芷町來談研究侍從室考核會議辦法，
擬加入一項呈核。又研究手諭飭辦增設單位件，無結果。
增委何亦清為第四組上尉書記。於組長平遠來談一小時
而去。午餐後小睡至三小時起。往謁委員長，商中央大
學事（關於教育長之人選問題）。奉諭往教育部與立夫
商談。旋與立夫同謁委座，決定以章益任復旦校長，吳
南軒就英士大學校長，遂歸。亮疇、自明兩君來訪。晚
餐聞中大學生下午開會，八時再見委座，奉召往見，命
再研究教育長問題。九時到國府訪許局長，請發任命
令。十時歸寓。十一時果夫、立夫兩兄來談，商教育長
人選。十二時就寢。

2月20日　星期六　晴　五十一度

八時十五分起。讀「中國之命運」兩章。九時卅分往
謁委座報告，商談教育長人選經過。出至二組訪於組長，
並至四組一視同人。歸寓，閱四組批表。往行政院訪厲
生，請補改星期二之提案原文。午刻自誠來，報告業務。
滄波來談。芷町來商公事，午餐後去。小睡一小時餘。百
川來訪。旋滇生兄來談秘書廳業務。熊書記南臨來見。俞
鴻鈞次長及吳國楨次長先後來談。傍晚文白兄來談卅分

鐘。唯果來談中大事。晚餐後與希聖談話。宗濂來訪。胡煥庸、孫光遠兩兄長來談。閱六組件。十二時就寢。

2月21日　星期日　陰　五十一度

　　八時十五分起。閱六組呈件，覺腦筋滯鈍，且有心跳現象，殆由昨晚失眠之故。十時與允默同往領事巷訪力子伉儷，未晤。乃至復興關前散步數十分鐘而回。天放兄來訪。旋力子先生及其夫人來訪，談至十二時卅分。乃至官邸陪客。今日午刻委座約中大教職員（各院長及教、訓、總務長）會餐，對教育方針有所指示。二時卅分餐畢，回寓小睡，約兩小時。辟塵攜其未婚妻姚女士來見。錢階平君來談。傍晚齊雲卿君來談。由辛來晚餐。夜閱六組批表呈件六十餘件，處理四組件五件。十二時寢。

2月22日　星期一　晴　五十三度

　　九時前四十分起。到國府參加紀念週，與諸友敘談別後情況，多以余健康增進為慰。友情殊可感也。十時十五分禮畢，出至外交賓館訪胡世澤次長，代表委座唁其繼母之喪。旋至中央設計局，與王雪艇兄敘談。至十一時三刻開始歸寓。閱四組呈件。徐景薇君來談法規編審事。一時午餐，餐畢午睡至三時卅分起。閱第六組呈件及處理件，約乃建組長來商。戴雨農兄來訪。旋顧乙樵偕其弟毓瑞、沈宗濂、吳士選、吳文藻來訪談訪印考察教育事。偕唯果到兩路口散步。六時五十分訪蔚文，旋偕至官邸晚

餐，商侍從室之組織。十時歸。十一時寢。

2 月 23 日　星期二　晴　五十七度

八時卅分起。閱四組呈件。張道藩兄來談甚久。吳文藻、謝冰心伉儷來訪。文藻明日將出國矣。十二時約果夫來談。即至官邸，出席黨政會報。到鐵城、驤先、道藩、季生、厲生、雪艇、公洽、自明、文白、東原、少谷、唯果、君勉、公達、貴嚴、天放、書貽、經扶、元靖、張鎮、君山、健羣、雨農、恩曾、芷町、蔚文、果夫、立夫等二十八人（亮疇、寒操、程思遠未到）。委員長詢黨務、治安及訓練團等情形畢，對於通俗宣傳及新生活運動有詳盡之指示。大意謂：今年應特別注重新生活運動之普遍實踐，而清潔、衛生與秩序、整齊尤為重要。新運總會應與宣傳、社會、教育各部連繫，共負推行之責任。二時卅分會餐畢，回寓午睡半小時。川省建廳長胡子昂及彭革陳君來談。四時卅分後閱六組情報及發文多件。研究侍從室之組織。發倫敦電，慰問邱吉爾病。六時卅分與果夫集林主任室內共商侍從室擴大業務與組織事。八時許三人同住委員長官邸晚餐，報告商談結果。奉諭擬具體辦法，兩星期內呈核，並面示因國家軍政事務日益開展，侍從室應負起輔佐主官，總攬全局之責云。聞諭殊覺惶悚。歸與芷町談話。十二時寢。

2月24日　星期三　晴　五十八度

九時許起。閱四件呈件，並研究本室之組織。往訪顧少川大使於嘉陵賓館，彼患黃疸病，今已癒矣。談約一小時而回。有敵機起飛之消息，午餐後發空襲警報，嗣知在萬縣、梁山投彈後逸去。作函數緘，吳國楨次長來訪，為對法方抗議廣州灣讓敵事。即將照會稿代為攜呈委員長請示。原有甲、乙兩稿，乙稿述及一八九九年租借條約因之無效；甲稿則否。委員長決定採用乙稿。即至辦公室，請吳次長來面交之。在四號會客室召集四、五兩組業務聯席會議訓話一小時。回寓閱六組呈件及情報多件。六時後與允默及六弟外出散步，一小時而歸。晚餐後核閱四組呈件等，九時完畢。往訪貴嚴及公洽均未留談。旋偕允默到堯廬訪蔚文夫人，十一時歸。十二時寢。

2月25日　星期四　晴　六十度

九時起。閱外交電六件，四組批表二十二件，內容頗繁複。十時呂參軍長偕羅北辰君來談。十一時張公權君來訪，述其出國考察之志願甚堅，囑為轉陳。十二時到官邸參加參事會報。今日到者卅一人，由郭、張、陳及王芃生均分別報告，二時卅分畢。回寓閱呈告泰國軍民書稿，略有修改。小睡約一小時。四時到美專街十七號開教、經、法聯席審查會，審議全國專門技術員工管制辦法。決定請國防會送立法院審議。六時散會，往訪亮疇先生之疾，六時卅分歸。偕允默外出散步，七時卅分歸。孟海、

自誠來談。八時卅分偕希聖謁委員長，商小冊子事。歸閱六組件多件。芷町來談。十二時後就寢。

2月26日　星期五　晴　六十度

八時卅分起。閱六組情報表多件。九時卅分毛慶祥君來談侍從室設置機要組事。楊玉清君來訪，與商談半月刊之內容，指示其應改善之事項。楊君認識熱心，文字亦堅挺銳利，然主觀極強。近來編輯半月刊未能從闡揚理論多所致意，迭出專號，多屬與主義無直接關係者。又每有標新立異之缺點，未能歸於平實，與委員長去年一月及三月間之指示要領不符，故今日切言以勸誡之。十一時董為公兄來談。彼現任中宣部主任秘書，輔佐道藩，聞甚得力。談部務應改進之點與困難所在，約三刻鐘而去。午餐時九妹及細、憐兩兒來家。餐畢小睡未入眠。近日神經又不健全，想談話太多之故。三時朱經農君自湖南來，命竺副官至機場往接來寓。談教育事約一小時餘。四時十分往訪立夫兄，偕經農同往，談卅分鐘而歸，力子滄波來談。盧滇生兄來訪，為專門委員會事。余今日碌碌不得閒，客去事畢，乃太疲倦。允默傍晚歸老鷹岩。夜九時謁委員長，報告經農已到，並陳述與立夫等商談之經過。回寓後與芷町商本室編制及考核。閱四組文件。十二時就寢。

2月27日　星期六　陰雨　五十六度

九時起。昨晚服藥一丸半，睡六小時，仍不足也。

起閱四組批表及呈件，約芷町來談考績事。四組升王熙、
熊湘二人，加津貼者梁大倫、陳震瀛。又約希聖來商五組
考績，升金、郭二人（以年資關係），加津者叔諒、聖芬
及程寶慈，即發表之。楊綽菴君來談。此君對機關管理慨
乎言之，亦有心人也。午餐時偕經農同謁委員長，委座命
經農擔任中央大學教育長，經農接受任命，並述其辦學意
見及報告湘省教育情形甚詳。湘教育廳長之人選甚難其
人。委座以商經農，謂以王鳳喈君較宜，囑明日電薛主席
商之。二時餐畢，送經農歸寓後，乃回。今日又不及午
睡。三時到考試院育德齋，出席中央政治學校校務委員會
常會。到丁先生及季陶、果夫、天放四人，並余為五人。
天放報告校務，討論軍訓部分與訓導部分職務之劃分與連
貫，各人發言甚詳。季陶引證其閱讀佛經所得，闡發尤
多。並討論提案四件，通過訓育綱領。六時卅分始散會。
歸寓後閱六組呈件多件。夜唐乃建兄來談六組擴充業務
事。與道藩通電話。九時往訪文白，十時卅分往訪屬生
兄，均久談始歸。十二時寢。

2月28日　星期日　晴　六十度

七時卅分起。閱六組呈件二十餘件，並核閱發文兩
件及機要組編制之件。機要組之設置，以辦理機要室、技
術研究室、軍用電務人員管理處、譯電人員訓練班之人
事、經費、業務、督導為任務。此本年新設之單位，以毛
慶祥為組長，乃早經呈准者也。九時吳國楨次長來訪。十

時徐鑄成君（桂林大公報編輯及主筆）來談，勸其入黨，
併囑努力於新聞事業。徐君富有熱情，而較芸生尤為平
實，乃新聞界後起之翹楚。謝耿民兄來訪，致問候之意。
向午益元弟、紹棠甥、俞欽侄及柳表弟永締來。親友咸
集，甚為熱鬧。午餐後忽覺手足發冷，殆昨晚睡眠未足之
故。小睡約一小時餘，乃覺稍癒。今日神思殊不寧定。辦
理積件三件後，林主任攜眷來訪，偕其視察防空洞，略談
而別。許卓修君來訪。旋唯果來談，偕同至馬家寺散步一
小時餘而歸。途中所談甚多，多可感慨者。歸寓已六時。
芷町來，處理四組呈件。七時完畢。晚餐後朱經農君來談
半小時。與由辛談今後辦理業務之要旨。四弟來談教育界
之近事。六弟、望弟亦來談。作簽呈二件畢。十一時卅分
就寢。

3月1日　星期一　陰　五十九度

七時卅分起。八時參加國民月會，由余主席。摘述委座近兩個月來之訓詞，勉同人以提高研究風氣及注意於公私生活之整肅。八時四十分禮成，與林主任略談後，偕羅佩秋兄歸。談中大近事及第三處之業務。今日國防會一〇四次常會遂未出席。蔣夢麟君來談紅十字會改組情形。閱第六組各件。午餐後朱雲光兄來談秘書廳各事。小睡一小時。四時到官邸參加特別小組會議。會畢，以湘教廳事請示。決定明日院議提出王鳳喈君繼任。七時回寓，毓麟來談。晚餐後騮先兄弟來訪，談一小時。朱經農、蔣養春來談甚久。十二時就寢。

3月2日　星期二　晴　六十一度

八時四十五分起。盥洗畢，略理文件，陳寶驊兄來訪，談其由港脫險至滬之經過及滬上情形。十時卅分往謁委員長，報告中大各事及決定到校日期。歸寓後閱四組呈件。蕭同茲君來談中央社近況。滄波來商新疆監察使署條例。芷町來談本室增加業務增設人員之意見，午飯後始去。小睡約一小時。往訪錢大使階平，攜贈委座照片一幀。旋至經農處，談中大校務。暫調應紹鈞隨彼辦事一星期。歸寓閱第六組各件畢，偕六弟出外散步一小時。陳立夫兄來談。自誠來報告設計考核會議情形。夜本室會報。十二時寢。

3月3日　星期三　陰　六十一度

九時許起。約朱經農君來談，旋蔣志澄司長亦來談，商定明日赴中央接事手續。致童教務長冠賢函一件。閱外交電數件，四組批表二十五件。今日睡眠充足，精神較佳。研究本室業務之充實案甚久，略有所得。王秘書長來約談，未暇晤也。午餐後仍小睡約一小時。閱改新生活運動周年晚餐會講詞及國防研究院講詞三篇。又閱六組情報及發文。今日遂未及出外散步。八時委座宴高斯大使，孔、王及顧、錢等作陪，驩敍至十時散。報告中大校務約一刻鐘歸。十一時五十分就寢。

3月4日　星期四　陰晴　六十二度

七時卅五分起。作函兩緘。奉委座諭，往訪顧孟餘先生。九時五十分抵老鷹岩，與顧君談約一小時。旋回家小坐，與旦姨等略談，歸寓已十二時矣。今日上午委座偕朱經農赴中大視事，一時後方回。余未隨行，與希聖談本室各事，與四弟談三月十二紀念文稿事。小睡一小時。三時到堯廬出席臨時情報會議。到鄭、徐、王、毛四人。蔚文主席。四時卅分余以事先歸。閱六組件卅餘件。憐女來家晚餐。前後與道藩、自誠、岳軍通電話。孟海來商公事。夜處理四組件十餘件。十一時五十分寢。

3月5日　星期五　陰雨　五十六度

七時即起。昨晚未服藥，而臨睡時燈光太強，致不

能酣睡。六時即醒，精神甚感疲倦也。仍研究交辦之本室擴充業務增加編制事。委座原意，欲增設下列業務：

（一）各黨、政、部、會、各省與各軍之聯繫；

（二）黨、政、軍、各省機構之總考查及管理調整；

（三）設計、執行、考核三者之聯繫與管制；

（四）經濟、工業、技術之考察與組織之管理；

（五）中級幹部次長、廳長等之考察與聯繫調整；

（六）預算經費之考核與審計、會計機關之聯繫；

（七）各調統局業務之聯繫與總考核。

前三者命由第二處辦理之，（四）項擬特設，（五）、（六）歸第三處，（七）加強第六組云云。尤難為者將設置侍從秘書及參謀，命擬職權及名額。此案已研究十日，尚不得要領也。九時許朱經農君來談校中情形，約一小時而去。中大情形整頓不易。客去後上委座一詳細之函呈，說明考慮侍從室擴大業務時之所見，約二千言。寫成時已十二時矣。午餐後小睡未熟，起而改擬報告（原案芷町起草，即本處加強業務之案也）。客來不止，立夫兄先來談，旋天放來談政校事，遂間斷工作。客去後續寫，至五時許乃成。公展兄來談。旋閱六組各件。天雨陰沉，神氣不振，甚為煩悶。王雪艇君來談西北考察團正、副團長人選事。六時卅分到堯廬與蔚文、果夫會商呈覆之案。決定明日下午個別分呈，乃歸晚餐。夜閱四組各件。與芷町談。十一時寢。

3月6日　星期六　陰雨　四十九度

八時卅分起。知八弟已於七時飛昆明矣。九時卅分立夫兄來談，旋核閱第六組情報件多件，以其不加別擇，錯雜悉陳，閱之甚屬費力。函唐組長，告以今後應擇重要者始送閱也。四弟代擬精神總動員週年紀念文告要點，核改後送呈委座核示。午刻胡煥庸、馮澤芳兩教授來訪。與胡君談話甚久。一時午餐，餐畢小睡約一小時。檢呈關於增加業務編制案之報告。羅時實君傍晚來談第三處擬呈之件。芷町來晚餐。公展來談。八時後閱四組各件。九時謁委座，談卅分鐘歸。十二時寢。

3月7日　星期日　晴　五十二度

八時卅分起。昨晚未服藥，睡中多夢，屢醒。晨起後頭痛甚劇，週身發冷。九時卅分陳公洽先生來談高級班人事及黨政考核委員會事。與文官處許局長通電話。十一時由辛來談。旋蔣養春司長來談，午餐後去。小睡至三時至許起。致朱經農一函，託蕭秘書攜去。以委座今日到中央大學對學生訓話也。閱六組文件並處理公私函札二十餘件。唯果、孟海先後來談。滄波來談宣傳部事。百川來，六弟代見之。傍晚周佩箴先生來談約一小時去。晚餐後覺更寒，加衣始暖。核閱對中大學生訓話新聞稿。十一時卅分就寢。

3月8日　星期一　晴　五十二度

八時卅分起，九時到國府出席紀念週，今日由賈部長煜如宣讀「建國與銓敘制度的關係」訓詞，並報告銓敘部現行業務之方針。十時十分禮成歸。羅隆基君來談，詳述其本人之志願與脫離國社黨之經過，並力白其決無搗亂之意，茲所願者返鄉就食而已。談約一小時餘而去。午餐後小睡一小時。閱六組呈件。為題字事作簽呈一件。四時五十分顧大使來話別。旋曾虛白君來商談訓練國際宣傳人才事。錢階平大使來話別。客去後閱四組文件。七時卅分到官邸，參加「星二會餐」，今日提先舉行也。到一、二、三處及參事室主任、組長等十人，退商本室業務。十一時寢。

3月9日　星期二　晴　五十二度

六時五十分起。以昨晚未服藥，中宵屢醒，且早醒也。閱六組文件若干件。以精神總動員文告囑四弟擬初稿。八時卅分朱經農君來，研究中大經費事，並商總務、教務兩長改聘事。川財廳長石體元君來訪，請以田賦管理處併入財政廳，並談糧政局業務。外部胡次長來談。客去後再與經農談卅分鐘。以昨夜少睡，疲不可支，乃服藥一丸，就床小憩，二時卅分起，其實未睡也。三時卅分與經農謁委座，並陪吳、王秘書長入見。昨日中常會孫院長發言過激，沈秘書長憤而辭職。委員長亦不悅，囑吳、王秘書長轉告孫院長，應有表示云。退歸寓所後，自誠、國華

先後來談。滄波來商對美宣傳。實之來談黨務委員會事。作致蔣夫人函一箋。夜芷町來商公事。為李芋龕提字。十一時寢。

3月10日　星期三　晴　五十三度

　　七時卅分醒即起。昨晚雖服ALLONAL兩丸，而睡眠仍不佳。近自成都返渝以來，失眠之恙又劇，非用重量安眠藥總不能酣睡以至天明。而睡眠稍差，即影響次日之精神，此誠莫可如何者也。國民精神總動員紀念在即，詢四弟，知文告僅擬成一半，且係文言，或恐委座廣播時將不適用，乃決定由余親擬。上午翻閱歷年關於此事之書告，稍作準備。十時委員長約見，對宣傳發稿事及印刷發行中國之命運事有所指示。國家總動員會議常會，余未參加。午餐後小睡卅分鐘起。乃健攜雨農呈件來談，遂與談朝鮮問題。二時後方擬著手起草文字，而章行嚴先生過訪，攜所書立軸一副，湘陰左氏（文襄遺物）藏墨一匣，曾文正所用印章「訓練強兵動鬼神」一枚，敬呈委員長以作新約告成之紀念。據彼言，文正生時有集杜句贈以一聯者，曰：「指揮能事回天地，訓練強兵動鬼神。」文正甚喜之，鐫為印章兩枚，今其一已佚矣。此語非蔣公無可當者，故以奉貽云云。敬收而誦之，將轉呈焉。唯果亦來談卅餘分鐘。四時始得專心起草，至七時寫成一半。稍停晚餐，餐畢閱四組呈件，繼乃續寫，九時卅分完成，凡三千字，十一時就寢。

3月11日　星期四　晴　五十九度

八時起。昨晚服盧密那兩丸，效力不佳。閱第六組文件六夾，凡七十餘件。又處理四組各件。以昨晚撰成，閱未完畢也。九時卅分陳啟天君來談中國文化研究所事及該社同人之生活等，余將彼等政治認識略為指示之。陳君去後公洽先生來談高級班事。謂將催屬生接事，並談教務組人選。午餐後小睡未熟。午後士烺世兄來談，為介紹於儲匯局。武棨來訪，適有事未晤也。杜月笙君來談甚久。傍晚偕四弟散步一小時歸。閱四組批表。自誠來談。夜與岳軍通電話。訪貴嚴長談。十一時寢。

3月12日　星期五　陰　五十八度

八時卅分起。昨晚睡稍足，精神較佳。午前閱六組情報件多件，以驪先兄所送關於朝鮮問題之簽呈，查閱舊卷，簽附意見而送呈之。處理公私函札若干件。送呈章行嚴所贈諸物。檢討未完應辦工作，彙記於冊。午餐後小睡一小時起。閱外交電八十餘件。皆前月積疊未閱者也。蕭青萍來訪，言將歸浙為其姑母治喪，其姑母徐班侯先生之媳也。傍晚辟塵來訪。作致明稿、林則、楊孝慈各一箋。夜設饌宴芷町、希聖，酬其假期中代理之勞。唯果、孟海、由辛來同餐。餐畢驪談至十一時去。與祖望談。十二時寢。

3月13日　星期六　陰雨　五十九度

八時起。九時偕希聖、叔諒赴中山室舉行本區黨部及所屬區分部執委聯席會議，到二十餘人，討論提案三件，並對出席人員作簡單訓示。十一時卅分完畢回寓。閱外交電及四組批表。十二時卅分到官邸午餐。到中訓團受訓校長王撫五等十八人及全增嘏、林同濟、溫源寧、吳經熊諸人。二時十五分餐畢，回寓小睡，四時卅分起。幼椿、時珍來談。旋俞侍衛長來談。五時卅分往訪庸之先生，談一小時歸。力子、滄碩、蔚南來訪。七時晚餐。餐畢作孚、陽初來訪。八時卅分往謁委座。九時本室會報，十一時歸。十二時寢。

3月14日　星期日　陰　五十七度

八時起。昨未服藥，睡眠欠佳。今日乃建、芷町、叔諒往南岸中政校及第三處參觀，訓念亦往南岸，寓中極冷落。六兒、七兒於九時來寓，以步行來，甚喜其勤健也。閱四組待呈件若干件。吳次長國楨來談外交部各事，約一小時。與岳軍先生通長途電話，為寧屬駐軍事也（夜呈奉委座批諭，可緩調，仍以電話告之）。午刻謙五弟來，又明明甥來。午餐後小睡起，五兒自九龍坡來。僕役王鳳山忽患病，以貧血猝暈，亟命其休息就醫焉。四時卅分約屬生來談，約一小時去。六時卅分芷町等自南岸歸。夜與芷町、乃建談話。十一時寢。

3月15日　星期一　晴　五十八度

八時起。委員長今日出發，余以開會不及送行。八時卅分往宮邸謁見，報告各事。委座命留京招呼各事，並論非重要事不必轉電，可以便宜處斷辦理之。旋即延見陳納德等，余乃辭出。九時五十分出席國防最高委員會一○五次常會。何總長報告軍事，側重於湘鄂戰區，謂滇西當無大舉動。吳次長國楨報告外交，語言清晰而有條理，能吸引聽者之注意。今日所報告者為蘇波關係之演變及其他。旋討論修正懲治貪汙條例等各案，分別交付審查。討論精神總動員會議組織大綱時，見其業務空洞，而編制不相稱，余心有所感，不覺越次發言，言之有太激直處，殊無謂也。十二時卅分散會歸，蔚文等已於十時卅分行矣。午餐後小睡一小時餘。閱第六組呈件四夾，凡七、八十件。中有研究資料甚重要者。又閱六組批表一件。補發張岳軍一電，指示寧屬撤兵事。錢端升君來談。宋外長約其出國，以授課未畢，不能行，並談學風。四時朱經農君來談中央大學之經費及校內概況。四時卅分出席特別小組會議，仍在官邸舉行，孔副院長主席，開會約二小時，所討論者為如何推行行政三聯制。厲生、自明、雪艇均有意見報告。七時許散會歸，與芷町理四組公事。晚餐後九時畢，與忞、望雜談。十一時寢。

3月16日　星期二　晴　六十四度

八十卅分起。閱外交電七十餘件。駐土鄒使之報

告，往往有聞輒報，不加別擇，即駐瑞典使館亦往往如此，甚感情報訓練之不可緩也。處理公私函札十餘件。閱四組呈件六件。接洽中國經濟學說之印行分發事。此小冊為希聖所撰擬，由委員長口授要點而寫成之，並經核改四次始定稿，昨日乃命印發云。午餐後小睡，有空襲警報，敵機三十四架襲萬縣，投彈而去。四時與六弟、五兒等略談後，乘車回老鷹岩休息。傍晚偕默至花邱灣散步，遇楚傖於途。夜無事。十時寢。

3月17日　星期三　晴　六十四度

八時起。有空襲警報，旋即解除。聞敵機六架，曾襲梁山云。早餐畢，出至山後散步。天氣晴暖，山中李花怒放，絢爛可觀。信步游眺，殊覺心胸怡暢。過楚傖寓，談一小時許而歸。又至主席花園內游覽。午刻平玖甥女攜其幼兒一中來。生纔三月，已解人意，頗慧哲可愛。午餐後小睡約一小時起，讀「中國之命運」全文畢。此書僅於前月底略讀三章，今日始全閱之。覺文字內容俱極精粹，希聖之文字組織力甚可佩也。傍晚偕允默循公路散步一小時歸寓。讀新中華雜誌。十時卅分就寢。

3月18日　星期四　晴　七十二度

六時十五分起。窗外山上紅日初升，作玫瑰色，遠望殊為艷麗。進早餐畢，將七時，即動身返渝，諸人方起床也。閱委座來電，以美國所允供給情形分抄送孔、何。

致宋外長一電。又以香港交還問題電達亮疇先生，請提國
防常會，並呈覆委座。十一時張豐冑君來談，願赴新疆工
作。午餐畢小睡起，閱六組表件，養甫、雪艇先後來談。
旋程其保君來談，其患得患失之心，使人不快。五時出席
中央團部常務監察會。七時參加會餐及幹監聯席會議。九
時畢，即歸。洗澡後就寢。

3月19日　星期五　陰　七十度

七時起。昨晚以蕭自誠自貴陽與祖望通話驚醒，至
十二時卅分始睡，雖服藥而睡不足也。晨起閱報，並處理
公私函札數件。九時倪文亞君來談浙省情形。康兆民君來
談青年團大會籌備事甚久。芷町來寓接洽公事。彼患耳炎
未癒也。午餐時俞國成君來訪。餐畢莊智煥來談對於「中
國之命運」的意見。客去小睡起，仍與芷町談數日來之公
事。四時張自立君來訪。旋曾虛白君來訪，談國際宣傳處
添聘美專員事。李超英君來談。傍晚訪亮疇，託翻譯中國
經濟學說。夜與學素談話，讀經濟學說及三民主義半月
刊。十時卅分寢。

3月20日　星期六　陰、下午晴　六十五度

七時卅分起。九時到國府出席國防最高委員會一〇
六次臨時會，討論美總統所提，願斡旋英國交還香港事。
林主席、稚暉、哲生、右任、雪艇、亮疇諸君先後發言，
國楨次長補充說明，討論歷兩小時畢歸。即以會議結果電

報委座。午刻吳經熊、全增嘏兩君來午餐後去。古秘書攜來宋外長兩電,分別辦發之。小睡起。閱六組呈件。唯果來談青年團諸事,偕至馬家寺散步。有白桃兩株極美。七時歸,九妹、皋兒來寓。夜訪張文白兄,久談。十一時卅分寢。

3月21日　星期日　晴　七十二度

七時卅分起。近日腦筋紛紜不定,若不勝應付外物之煩也者,是亟宜收斂矣。八時卅分周生宏濤來訪,枕琴先生之孫也。欲余為之介紹工作,命二題以試之。九時卅分郭曉東君來訪(臨海人,新自上海來),談李贊侯君近狀及淪陷區情形。郭君對於時代情形頗有隔膜,聽其語言,甚覺吃力,談一小時始去。吳國楨君來談外交部情形及使領人員研究班事。午餐前後與由辛談話。閱吳澤湘君所送蘇聯畫集。小睡一小時起。與皋兒、皓兒談話。天時晴美,擬作郊外之游,乃於五時動身赴老鷹岩,六時到達。散步山中約一小時,晚餐後閱舊詩及中央周刊。十時卅分就寢。

3月22日　星期一　晴　七十四度

八時卅分起。食麥片一碗,又至山中散步。此心仍蕩漾不定,念時事,念工作之艱,頗覺無術以自遣,又不期而念兒輩之前途,近日蓋略無閒適之趣矣。本欲來山寓略理積事,而天熱心躁,只得置之。寓中有我之奮鬥一

冊，讀之終卷。此書前曾翻閱，未全讀也。午後小睡，以
天氣太好，未入睡。三時卅分命車歸渝，見寓中凌亂情
形，又感心煩。朱經農、廖茂如、夏開權來訪。芷町、唯
果來，談話太多而雜。夜吳南軒來訪，無言可以慰之。閱
兩日來六組情報。實之來談。十一時寢。

3月23日　星期二　陰　六十四度

七時起。閱外交電十餘件。近來美英與蘇聯關係及
蘇日關係，或現或隱均有變化之跡象，我國殊不可不審慎
處之也。處理私人函札若干件。又閱五組關於印刷出版各
件。亮疇先生來談翻譯事，並言廿一日邱相演說不提中
國，應予注意。午餐後接委座電，命預備青年團開會詞，
囑四弟搜集材料焉。三時徐學禹君來談。四時張驥先君來
談。五時徐鴻濤副組長來報告機要組成立事。六時處理四
組公事。七時到亮公家晚餐。到吳德生、全增嘏、林同
濟、陳欽仁、謝冠生、浦逖生諸人，八時卅分散歸。閱六
組件五十件。十一時寢。

3月24日　星期三　陰　六十四度

八時起。昨雖服藥，而睡不甚酣。近日精神漸覺不
如初回渝時之充暢，體重亦減輕，僅有一〇二磅矣。澤永
甥來談赴蘭州事。陳仲佳來談，以家庭負擔及身體多病請
辭現職，意極懇切，只得許之。四組少一得力組員至可惜
也。今日為準備文告，閱委座對青年問題及教育之講詞數

萬言，而仍不得中心命意，頗覺心煩。午後閱六組件卅件，甚費力。五時唯果來談。七時芷町來談限價問題。九時後處理私函數件。與四弟談話。十一時寢。

3月25日　星期四　陰　六十四度

七時卅分起。閱外交電多件，處理五組件六件，處理公私函札九緘。十一時唐乃建君來談業務及黨派與宣傳，凡一小時而去。接國華電，知歸期尚有待。午餐後小睡，約一小時半始起。今日睡眠稍足，精神較佳，然心思仍苦不能集中也。發宋外長電，告國防委員會臨時會之決議。又以美國所提聯合國平準基金方案全文電貴陽。傍晚與六弟至七牌坊鄉間散步，一小時餘而歸。晚餐時由辛來談，指示其業務。處理四組各件，轉發宋部長敬電。乃建來報告。十二時寢。

3月26日　星期五　陰　六十五度

七時起。昨晚睡眠似較酣適，然精神仍極散漫，見事畏煩，余殆將病矣。午前處理積疊函件四、五件，又決定應呈之表件六、七件。以邱吉爾廿一日演詞及蔣夫人在芝加哥演詞彙集整理，校正其譯文，備委員長歸時呈閱。又為周寒梅君改正讀中國之命運論文一篇。午餐後小睡約一小時起。滄波來，無暇與詳談。曾虛白君來談約聘新聞專家事。與道藩、屬生、鴻鈞諸人通電話。事雜心煩，迄未能定心準備文字也。七時芷町來處理四組文件二十餘

件。疲甚，十一時寢。

3月27日　星期六　雨　六十一度

七時起。昨晚睡眠仍不甚佳，思慮更散漫而不能集中。進餐後即思著手起草青年團代表大會開會詞，僅擬若干要點，即感覺心煩，不能動筆。念時間迫近，益深焦急。電話聲與客來又間斷之，甚徬徨不安。午刻汪參謀錫鈞來辭行，將出任團長也。午餐後辦理呈件，並整理外交電多件。又閱六組情報卅件，處理四組要件五件。小睡五十分即醒。僅寫一千餘字，而委員長自貴陽歸矣。六時往謁，報告出行期中之各事，約談二十分鐘而出。至蔚文主任處坐談四十分鐘而歸。自誠、國華先後來談，晚餐後始得專心寫作。但覺周身發冷，且有頭痛，力疾命筆，至十二時尚未完，遂姑置之而寢。

3月28日　星期日　雨　五十六度

七時起。續寫青年團代表大會開會詞第四段及結論，至十時完畢，十一時繕竣送呈。凡六千言，心力已疲，亦不復再加修改矣。此次準備起草此文，蓋用時四日之久云。午餐後小睡約二小時始醒。天雨寒冷，筋骨作痛頗劇。四時約王芸生君來談。芸生對外交現勢異常關心，歷述其所見國際變幻之象及內部可憂之點，以為應速有一種打開局面振作人心之辦法。談約一小時去。亮疇先生來談譯事，並詢外交近況。晚餐後芷町來，處理四組文件

十一件。委翁發忠為第四組少尉司書。十一時就寢。十二時入睡。

3月29日　星期一　上午陰、下午晴　六十度

八時卅分起。朱經農君來訪，遂未及參加紀念週與黃花崗先烈紀念會。據經農言，中央大學學生已自動發起清潔運動，甚有成績云。九時卅分往馬家寺，參加三民主義青年團第一次全國代表大會，到各地代表四百餘人，團長主席，開幕典禮致開幕詞。全場空氣極莊嚴而興奮。十一時禮畢，與自誠同車回。午餐後小睡至三時始醒。唯果來談。四時自誠來，補充開幕詞稿呈核。四時卅分吳次長來談。閱六組批表。夜處理四組件十六件。與芷町長談。十一時寢。

3月30日　星期二　晴　六十二度

七時起。盥洗畢，赴馬家市青年團，八時舉行預備會，由張書記長主席，說明大會進行中注意要項，推定主席團十七人，余亦被推為其中之一員，並決定議事規則。十時接開大會，余被召有事請假遂歸。謁委座，面諭接洽數事。往訪鐵城先生（適患足疾）。正午梁均默君來談新疆事。午餐後小睡約二小時起。徐可亭君來談糧食部事。旋陳公洽先生來談中訓團事。程天放兄來談中央政校事。傍晚閱六組件、四組件。國華來談。七時卅分與一、三處及參事室主任各職員至官邸會餐，十時歸。與迨、約兩姪

談。十一時卅分寢。

3月31日　星期三　晴　六十八度

　　八時起。昨晚未服藥，睡眠不佳。凌晨疲倦，遂又晏起矣。青年團大會，乃不及參加。十時徐可亭君來訪，續談糧食部次長事。十時卅分徐建侯君來訪。談滬上情形甚詳。建侯此次間關越險自滬來渝，盡室以行，其義亦足尚也。十一時後往化龍橋，擬訪李印泉先生，偏詢其居處化龍新村特五號，不知其處，廢然而返。發致岳軍一電。十二時到官邸，舉行參事會談，到徐炳昶、馮友蘭、梁均默等及定例出席者共約卅人。二時五十分餐畢，回寓小睡，至四時許起。黃天民君來談。閱六組呈件及批表。約乃建來談。傍晚自誠來，報告代表大會開會情形。夜九時到官邸，報告晤可亭經過。十時後閱四組各件及批表。十一時卅分就寢。

4月1日　星期四　晴　六十四度

七時起。唯果來談，攜來李芋龕覆函及和詩，筆墨故自不凡。八時與唯果同赴馬家寺，出席青年團大會。今日由余及趙仲容同志輪任主席。首由王世杰君代表中央監察會報告，繼重慶、四川、湖南支團部報告，休息二十分鐘，舉行主席團會議，繼續開會，聽取贛、陝、滬各單位報告，蔣經國君之報告詞警切有精采，全場為之感動。十二時會畢，經農、洪沆各校長談話後，偕自誠同車歸渝。午餐後休息，直至三時卅分起。近日嗜睡甚矣。閱第六組報告及呈件多件，作簽呈三件，研究青年團提案及總章。五時後天氣轉寒，且下雨。夜處理四組呈件。十時五十分就寢。

4月2日　星期五　雨　六十二度

七時起。與陳公洽、徐可亭兩君在電話中商事。八時到國民政府出席黨政工作考核委員會第九次會議，于院長主席。報告事項十二件，討論：（一）川、黔、湘、陝、鄂、滇、桂、甘各省黨部卅、卅一年度考察報告；（二）上述各省支團部考察報告；（三）川、滇、黔、鄂、湘、桂、陝、甘，卅、卅一年度政務考察報告。至十二時一刻散會，約季陶過余寓午餐。餐畢談一小時餘而別。午睡約二小時，四時後始起。唯果來，報告青年團大會進行情形。閱第六組呈件多件，讀刊物二種。夜處理四組件，有極繁複者。十一時卅分寢。

4月3日　星期六　雨　六十一度

七時五十分起。八時卅分曾養甫兄來談交通部部務及次長問題，約一小時餘而去。閱外交電二十餘件，處理公私函件十七件，又閱六組情報件兩疊，直至十二時卅分完畢。午餐後小睡一小時餘起。閱新中華雜誌文藝作品三種。審閱孔副院長對國際糧食會議出席人員訓示稿。滄波來談宣傳部事。許蟠雲兄偕朱惠清來訪，談浙省情形甚悉。李唯果、蕭自誠兩君來商青年團宣言事。傍晚芷町來。晚餐後處理四組件。九時完畢，唯果及何孟吾來談宣言事。十一時就寢。

4月4日　星期日　陰　五十八度

七時卅分起。已三日未服安眠藥，睡眠稍不佳，但精神尚暢。今日明、樂放春假來寓，皋、皓兩兒先後來。叔諒率彼輩及兩侄迨、約往山寓。余以八時卅分偕立夫、滄波同車赴馬家寺參加青年團紀念週。今日委員長有九十分鐘之訓話，指示今後青年之人生觀與行動軌範，乃經數日之思考而慎重提及者。十一時禮畢，與力子先生同車回寓，談新聞界情形，滄波與焉。十二時午餐，一時力子去。小睡一小時起。李雲亭君來訪，談西北師範學院事。旋羅隱柔君來，談本黨應即設一統一理論研究之機構事，向之詳述余之所見，談一小時餘去。再檢體重為一〇四磅。略增加矣。夜芷町來，處理四組件，十時去。十一時卅分就寢。

4月5日　星期一　陰　六十度

　　八時卅分起。未赴紀念週。今日何總長報告兵役法，余乃以失眠晏起未參與也。九時卅分宣鐵吾君來訪，談浙東寧紹為三北游擊隊之新四軍餘孽所擾之情形，約一小時去。羅時實秘書來接洽第三處事。十一時約俞秘書來談。閱六件情報件卅件。審閱曹翼達君之論政制得失意見書。十二時卅分午餐，餐畢小睡至四時許始起。四時卅分到馬家寺青年團，五時團長約見主席團，個別詢問，並有所指示。七時回寓晚餐。夜審閱總動員會議呈件，處理四組件。十一時卅分寢。

4月6日　星期二　雨　五十四度

　　七時五十分起。昨晚睡又不佳，今日頭痛、骨痛，終日不怡。天時隱晦，下午下雨，入晚更大，氣溫驟降，有如冬令。如此氣候於弱體真不宜也。午前處理雜件，擬修改講詞未果。王亮疇先生來訪，談譯事。並言昨日國防最高委員會對財政稽核事之討論情形。十時後為青年團斟酌宣言稿，何孟吾君起草一文，惜不合體裁，恐不能用。午刻唯果來談，一時去。小睡約一小時餘起。頭痛仍劇。四時卅分李教育長士珍來談改革警政之意見，抱負太大，未見其能實行耳。向晚意更不樂。處理四組件七件。七時五十分到官邸，與林、陳、王三位主任會餐，餐畢觀國際宣傳處所攝之遠征軍電影，十時五十分畢，歸寓。十一時卅分寢。

4月7日　星期三　雨　四十五度

　　七時卅分起。昨以寒流侵襲，驟雨不停，晚間渝郊附近有飛雪者，氣溫驟降，今日仍嚴寒如隆冬。余近週體力甚疲，今日似更不支。腰痛、骨痛愈劇，幾於不能作事矣。上午處理私人函札十餘件。決定第五組文件六件。修改委座在青年團紀念週講詞紀錄，未完成。唯果來談，攜來所擬宣言稿。午餐後小睡起，精神仍不振。閱第六組情報件五疊，凡七、八十件，殊病其繁多。傍晚芷町來。晚餐後閱四組件十件，又閱批表。九時後強提心力，將講稿修改完成之。聖芬此次所記實太草率也。十時卅分唯果來，攜來然之、君勉、雪屏函稿，談一小時餘。十二時寢。

4月8日　星期四　晴　四十九度

　　七時起。盥漱畢，略閱本日各日報後，即審閱青年團宣言初稿。其第一段用君勉之作，加入唯果文內述會務數語。第二段以後述檢討者則用然之稿，而為潤飾之。於表現今後之作法時，覺甚難著筆。第三段論今後之任務者，用然之稿，蓋今晨細閱時覺然之之文甚清雋也。第四段則預定用君勉稿，誰知十一時後腦力忽疲，至十二時尚未將第三段寫完。又發現假齒變型不可用，極端不怡，遂未食飯。服Luminal 二丸而睡，至二時餘忽醒。勉強起來，則昏沉欲倒。又勉強就床，如此屢起屢臥，直至六時卅分，直疲不可言。唯果來，略談後即進晚餐。閱四組件

四件。就寢蓋八時卅分也。

4月9日　星期五　晴　五十四度

　　七時卅分起。昨晚九時卅分入睡，直至五時始醒，又繼續睡一小時許，晨起後精神與昨日不同矣。先將宣言之第三段補完，以後接寫第四段，完全重寫，文機較暢達，惜屢為電話及他事所間，至十二時方得寫成。唯果來談，以經過具告之。午餐後又為全文作一結束，三時繕寫完畢，即送起草委員會，乃小睡休息。繼閱六組情報件多件。傍晚芷町來談，以所成之稿示之，芷町謂今日所作者與昨稿乃大不同也。夜乃建來談。九時卅分唯果來談。十一時卅分就寢。

4月10日　星期六　晴　六十度

　　七時卅分起閱劉炳藜所著「總裁思想體系之研究」，覺其中說理未妥處甚多，囑希聖兄將原稿送還，勸其不可付印。十時到馬家寺，出席大會，繼又出席主席團會議，討論大會結束及選舉手續等問題。會餐後與經國、唯果同車歸。小睡一小時餘起。閱羅剛論文，與四弟談中大近事及家庭雜事。閱第六組呈件多件。傍晚芷町來，閱第四組批表二十餘件。晚餐後到青年團會場，與文白、立夫等商事。委座交下宣言稿，採用何浩若稿，命補充二、三段，即攜歸。約唯果、孟吾來談，囑孟吾補寫。十一時就寢，未入睡。

4月11日　星期日　陰　六十度

昨晚未服藥，二時後始入睡，五時即醒，神疲而不能寢，六時卅分鐘強起作事。頭腦漲痛異常。何浩若君於七時前以補充之稿送來，以今日午刻必須定稿，故時間極忽迫。但何君之原稿只逞詞采不計措詞，是否合乎文法與邏輯，細加審閱，幾於滿紙都是荊棘，為之一一修改。又彼所補充二段，亦浮光掠影，未明精意所在，不得不重為改撰之，至一時卅分始畢。繕正呈委座已二時後矣。思小睡而精神緊張不能合眼。服L一丸、Ipl.一丸亦無效。至十五時委員長約往談，以全稿交下，間有修改補充，命再整理之，遂以電話約唯果來，於晚餐後為之修補，並加標點。芷町聞採用何君之稿，以為衡量失平，甚表悒悒，余以為無所謂也。閱四組批表訖，服PH一丸半，十時卅分寢。

4月12日　星期一　晴　六十四度

七時卅分起。八時卅分掃蕩報送來青年團宣言鉛印稿，旋唯果來，遵委座意再加入數語。九時果夫先生來談。作簽呈二件。十時卅分往國府，參加一〇八次國防常會討論義務勞動生產辦法等案。十二時散會，與雪艇、右任、庸之諸先生略談而歸。午餐時唯果、孟吾來共餐，餐畢，根據大會討論結果，修改宣言，作最後決定，至三時始完畢。四時到馬家寺參加閉幕典禮，四弟同往觀禮。首由團長宣佈選舉結果之名單，授與各代表紀念章。繼各代

表呈獻致敬書，張書記長朗誦宣言，林主席訓話。最後團長訓話。七時卅分閉會，與唯果、自誠、四弟等同歸。兩週盛會，至此乃告結束。夜與唯果談甚久。閱六組連日呈件一百餘件。十一時就寢。

4月13日　星期二　晴　六十六度

八時起。閱各報論文二十餘篇。閱第六組本日情報三十餘件。今日心境稍寬閒，整理書桌，檢查積疊未完之工作，上午碌碌半日，未休息也。向午芷町來，接洽公事。午餐後市內懸三角球，有敵機飛川偵察，旋即解除。小睡至三時起。處理公私函電十餘件。四時到宮邸，參加特別小組會議第四次會議。果夫、道藩未到，會議歷一小時半而畢。改正祝電稿一件，六時卅分自渝動身歸老鷹岩休憩。晚餐食自種之鮮荳。夜閒談，十時五十分就寢。

4月14日　星期三　雨　七十度

八時起。與允默談家事，忽觸動其愁緒，知彼近來身體不佳，故精神易受感觸也。山中自昨晚起大雨，今晨仍未止。十一時由山寓回美專街，閱六組情報件兩疊、外交件十八件。決定星期六開黨部執委會議，下星期三開甲種會報。午餐時芷町來談，一時後休息至三時卅分起。四時往訪岳軍先生於郭園，談四川黨政及教育。適希孔、百閔、唯果亦在彼處，六時始歸。讀今日新華日報論青年團結之社論，措詞至巧，早料其有此也。夜電燈昏黯，作事

無精神。九時後芷町始來，處理四組件卅餘件，甚費力。
十二時寢。

4月15日　星期四　陰　六十八度

八時起。安眠藥之蓄積作用未完，上午頗感困倦，
且有頭痛。今後非不得已仍以少服為宜也。近日六組情報
件獨多，上午又閱兩疊。敵國分化之陰謀，忽又猖獗，甚
可注意。張伯謹廳長來談鄂省推行計畫教育之經過，有眼
光、有辦法、有恆心，甚為佩服。朱經農君來談中大校
務，多屬瑣碎而不易解決者。午餐後小睡起，寫簽呈數
件。四時到中四路訪熊天翼將軍。彼甫自美洲繞道英國而
歸，談英美情形甚詳悉。六時回寓，與四弟談業務。改定
訓詞（人事管理班）一件。夜處理四組件，讀講詞選輯。
十一時寢。

4月16日　星期五　陰雨　六十五度

八時起。昨未服藥，睡亦尚佳。唯此心惝恍不定，
不能工作。最近三星期來，又蹈從前思慮紛雜而動作遲滯
之舊病，且夢中常為撰寫文字之幻象，自驗心境不甚澄
靜，亦不知何因至此也。上午閱六組呈件，洪君勉來談青
年團事，熱誠可佩，惜觀人猶未澈。午餐後小睡一小時
起。方希孔來談出版事業管理事，約一小時餘。甘自明來
談三聯制檢討會議之準備。七時到堯廬，應蔚文先生之
宴。今日係宴請繆雲台君，貴嚴、慕尹、阮肇昌、錢卓倫

諸君作陪。八時十五分到文白家晚餐，鐵城、公洽、慶雲、次威諸君會餐。余已進食，後盡稀飯一碗。九時卅分歸，處理四組呈件六件。芷町去後，讀舊稿至十二時寢。

4月17日　星期六　陰　六十四度

六時卅分醒。聞四弟與其女談話，以為時間不早，遂匆匆起床。詎知昨晚未曾服藥，睡眠不足。起來以後，精神頹散，不能工作。寫私函數緘後，與四弟略談組務，即感無限煩悶且亦疲倦不支。復就床而臥，則又不能合眼，此境痛苦極矣。十二時四組送批表來，強起閱之。午餐後小睡亦僅入睡一小時餘，神經興奮不寧。閱六組情報十九件畢。著手修改青年團閉會詞及國務要旨之指示，此兩件送來我處已三日矣。每日想動手修改而一看極感心煩，蓋以第一篇（即閉會詞）曹速記紀錄，係逐字逐句呆板紀錄，將重要之精義完成忽略，如欲不失原意，幾非澈底為之從重寫不可。而第二篇「國務要旨之指示」為蕭自誠編紀，細大不捐，又全為雜湊而成，不但文字累贅，即詞理亦不通順，若率爾頒行，將來流弊必不小。我近年來受蕭、曹二生之累，替他們作東里子產實已費盡心力，不知減損若干夜之睡眠。今又在疲煩之中任此討厭之修改工作，若非感於士為知己者用之義，早應拂袖而行矣。勉抑煩鬱為之修潤，又屢為事阻。傍晚謝然之來訪。旋乃建來，談六組工作及甲種會報事，又間斷一小時餘。八時始得晚餐，餐畢，先將曹生所記一篇送出，苦心修補，自覺

尚能滿意。又核改蕭自誠所記之一篇，乃不願多費心力，
十時完畢。十一時就寢。

4月18日　星期日　陰晴　六十七度

　　八時卅分起。昨晚安眠藥後，有七小時之充足睡
眠，晨起精神舒爽，與昨日判若兩人。然自驗心思尚不能
集中，乃決定休息一天。僅閱六組批表數件，情報二十
件。十時卅分吳國楨次長來談整頓外交部人事辦法，其深
思可佩。午餐時六弟來，蓋已一週不見矣。午後休息一小
時餘。作致細兒函。正苦無聊，而滄波來談，至四時卅分
始去。傍晚皋兒來談。晚餐時平遠組長來談。餐畢處理四
組件多件，核定孔學會祝詞。孟海此文甚充沛可喜。事畢
後，芷町來談一小時去。處理私函，十二時寢。

4月19日　星期一　陰晴　六十六度

　　八時五十分起。唯果來，十時偕至中央團部，舉行
幹監事宣誓就職典禮。團長主席監誓，到指導員戴、何、
白、葉四人，宣誓畢，團長訓話，歷一小時許乃散會。與
自誠、武榮略談後即歸寓。學素兄來午餐，飯後與彼談高
級班情形，詢其出班後志趣，謂願歸家省母，若甚感傷也
者。小睡至二時卅分起。閱六組情報件四十餘件，批表一
疊。三時至中央團部開幹監聯席會議，鐵城先生主席。七
時散會歸。晚餐後處理四組呈件。與國華談話。與芷町商
高中學生服務辦法案，未有結果。十二時寢。

4月20日　星期二　晴　六十六度

八時起。九時到中央團部，參加全體幹事會議預備會，推定主席團及審查人選後，休息二十分鐘。在文白之室內談話。彼為余懇切申述其對團內人事配備之意見。九時五十分在監察會會議室召開專案審查會，余主席，各委員發言者七人，議決三點。十時五十分散會在會場與經國談革命前途。十一時卅分見委員長後歸寓。午後小睡甚久，以昨晚未睡足也。起後閱六組情報二十件，審核報告一件，作私函數緘。傍晚自誠來談，態度頗帶鹵莽，不得不有以抑之。八時偕孟海出席官邸晚餐。餐畢已九時，歸寓發中央社稿後，十二時寢。

4月21日　星期三　晴　六十八度

八時起。昨晚官邸會餐時委員長以侍從室擴充業務案批定交下，並決定以張厲生同志為副主任，以全案送第四組錄存。八時卅分到中央團部參加幹事會全體會議，十一時四十分完畢。即歸寓午餐。約芷町來談，辦發銓敘廳之代電。二時後休息，約一小時起。閱六組情報件卅餘件。今日舉行經濟建設計畫會議，委員長親自出席訓話。五時卅分中央團部舉行幹事會閉幕儀式，余忽患頭痛甚劇，未往參加。傍晚唯果來，晚餐後偕四弟、唯果同至中訓團觀「蛻變」話劇。十二時卅分歸。

4月22日　星期四　晴　七十四度

　　昨晚歸來太晚，一時後始入睡。今晨起床，乃在九時卅分以後矣。盥洗畢，葉青來談，對理論研究及宣傳業務與出版事業均有所討論。葉為四川南充人，自脫離共黨加入本黨後，寫作研究甚為努力，如能專心從事，其貢獻當不在小也。余與彼自武漢一晤後，久未與談，今日特約其來詳談，彼此均當有益。十一時卅分談畢別去。處理公私函件十餘件。青年團新任委員名單發表，余幸未加入常務幹事，此全出於委員長之體諒，中心感激不可言喻。副書記以胡庶華君擔任、訓練李唯果、宣傳鄭彥棻、編審洪瑞釗，均稱得人。十二時到參事室，會同審查高中學生服務辦法案。到雪艇、書貽、騮先、立夫諸人。文白因事未到。午餐畢，會談至二時十五分始歸。小睡起，朱經農君來談中央大學經費及軍訓等事。吳次長國楨來談外交方面諸事。楊玉清君來談三民主義半月刊事，商今後編輯方針甚詳，談約三刻鐘而去。旋李孤帆君偕李組紳、胡好及祖文兄弟（徵五先生子）來訪，周旋半小時。繼吳秘書長鐵城來談叢書編纂、黨費支配等各事，晚餐已八時矣。餐畢，與芷町處理四組呈件，並閱批表等件。十時萬君默秘書來訪。十時卅分乃建來商組務。十一時卅分就寢。

4月23日　星期五　晴　七十八度

　　七時五十分起。安眠藥繼續影響，使起床後頭腦為之昏沉，至十時許始已。葛武棨君來談西北建設與移民問

題甚久。旋徐建侯君來談，留呈報告一份，交六組摘報。
午餐後天時轉熱，小睡未熟，三時後起床。閱六組呈件
五十餘件，作簽呈兩件，審閱道藩兄所擬文化運動大綱及
希聖所簽之意見。武大教授吳其昌君來訪，旋吳次長國楨
來談。閱邵司長與自由泰國人員談話錄一件。呼匠理髮，
晚餐後處理四組公事。岳軍來談一小時。與芷町商談組
務。十一時卅分寢。

4 月 24 日　星期六　晴　八十度

六時卅分醒，七時卅分起。昨晚入睡在二時以後，
僅睡四小時，頗感不足。晨起後辦發五組代電數件，並處
理私函。九時到堯廬參加情報機關甲種會報，除慶祥未到
外，餘皆出席。分析國際局勢，交換所得情報，楊宣誠、
鄭介民、王芃生、邵毓麟諸人先後報告，繼討論提案二
件，研究疑難情報三件，十二時散會。與毓麟同歸美專街
午餐，老友岑西來訪，言將有新疆之行，甚可壯也。二時
小睡，至三時卅分起。天氣轉熱，目為之絳。閱六組情報
件十餘件，處理五組各件。鄭彥棻同志來訪，談青年團之
宣傳業務與方針，能得其要。傍晚接細兒來函，約應紹鈞
來談。七時晚餐，餐畢，理四組公事。唯果、平遠來談。
十一時寢。

4 月 25 日　星期日　晴　八十度

七時卅分起。天氣驟熱，又影響於身體，終日為骨

痛、頭痛所苦，心思不能集中。手中尚有待審擬、待修改
之件，而提筆畏難，輒復中止。甚矣余之衰也。午前閱報
外未作他事，僅辦理手批件三、四件。今日六弟自中訓團
歸，談訓練班情形及桂林左傾文化人活動。午刻楊內弟來
午餐後去。十二時到官邸陪客午餐，到李印泉、劉哲、海
泉、君勱、禦秋等十二人。下午小睡起，覆細兒一函，指
示其就業之路。皓兒回來，亦未及與詳談。閱六組批表及
呈件二十餘件，接宋部長覆電，告曾谷事。晚餐後芷町
來，處理四組各件畢，洗澡就睡，已十一時卅分矣。

4月26日　星期一　陰　七十四度

七時卅分起。改正講演紀錄稿「對青年團幹事全體
會議訓詞」一篇。九時卅分到國府，十時舉行國防最高
委員會一〇九次常務會議，孔主席，討論法案十二起、
財政案三起，至十二時卅分散會。鄒海濱與余談黨史
事。魏文官長談主席擬特授蔣夫人以一等卿雲章云云。
散會後即至官邸出席參事會報。飯後與馮煥章先生談
十五分鐘。歸寓小睡至四時起。繆雲台先生來談出國考
察前之手續，約一小時去。岳軍先生來談戰局前途與經
濟對策，約一小時餘，旋唐乃建來談六組充實人選事。
七時五十分晚餐，餐畢處理四組各件，又辦發電報數
件，轉呈要件三件。今日精神似較佳。十一時卅分寢。

4 月 27 日　星期二　陰晴　七十四度

七時卅分起。核呈文化運動綱領案一件。電胡健中兄賀其就任東南日報十五年紀念。辦發代電三件。核改青年團全會開會詞及聚餐後關於學校團務之講詞紀錄各一篇。十二時卅分午餐，餐畢略睡即起。閱六組情報三疊，計五十餘件，研究宣傳案。應紹鈞來，匆匆未及與談。聞蘇聯今日對波蘭絕交矣。四時參加特別小組會議，檢討宣傳業務，出席者十四人，張部長報告畢，總裁作結論，指示宣傳方面之缺點，謂最大之病在精神上受人脅制，不能堅持黨與主義之立場。尤以戲劇電影漫無別擇引為痛心。語極悲痛。六時卅分散會歸，反躬自責，不怡者久之。貴嚴市長來談。夜處理四組各件。十一時寢。

4 月 28 日　星期三　陰晴　七十二度

七時卅分起。寫寄細兒一函，寄去細、憐日用六百元，託約兒寄去。研究蘇波斷交後盟國之關係。十時約王宇高、孫兆梅、袁孟純三君來談，詢事略編纂，云二十三年前已完稿，唯二十二年份尚有五個月待補正。十時卅分熊天翼團長來訪，談去年一年來之中央政情及今後支持抗戰之要點。十二時卅分到官邸陪客盛亦庸、吳醴泉、羅志希、張岳軍，午餐畢，一時卅分歸。與志希談赴新任務。小睡至三時卅分始起。曉峯來談出國之計畫及思想與時代社之計畫。傍晚芷町來。夜吳次長國楨來商人事。處理四組件約二十餘件，轉發手令廿四件。唯果來談，十時卅分

去。十一時卅分就寢。

4月29日　星期四　陰、微雨　七十度

八時起。骨痛症已三日未發，而今日復發。黨政考核委員會會議遂乃不克赴會矣。簽覆關於審查曹翼遠君著作之件。約四弟來談其服務志趣及方向，彼意仍願盡力於學術方面。閱第六組呈件及希聖所擬對淪陷區同胞宣傳之意見，即為決定之。又覆呈關於中國之命運改正文之件。午餐畢，小睡起。骨痛與頭痛仍不止。閱第六組情報三疊及批表。應紹鈞今日離職赴蓉，為作介紹函三件，託其明日攜去。約希聖兄來談五組之業務，並商如何協助宣傳事。以蕭自誠來，乃中止。傍晚韓漢藩代表來談。旋吳國楨來談新疆農具製造廠事。六時卅分復修改委座對工建會議會員講詞紀錄一篇。夜處理四組呈件，與芷町談人事。十一時就寢。

4月30日　星期五　陰雨　六十八度

七時卅分起。寫寄泉兒一函，擬交澤永甥帶蘭州。閱六組批表四件，發文三件，核定甲種會報紀錄一件，修改工業建設計畫會議開幕訓詞稿一件。劉迺誠、蕭作梁、張曉峯三教授來訪，商出國手續，略談即去。鄒海濱先生來訪，談黨史紀要之編纂事。午餐後小睡至二時卅分起。核閱第五組發文等三件，處理四組呈件四件，擬定黨務會議之名單一件，處理公私函札十五件，致魏大使轉宗武一

電。嚴慎予兄來談，不見已六年餘矣。四時卅分毛秉文君
來談。五時一刻由渝回老鷹岩休息。七時卅分晚餐。燈下
讀政治思想史。十時卅分寢。

5月1日　星期六　陰晴　七十二度

八時卅分起。寫寄明、樂一函，指示其課業。十一時由山寓動身回渝。叔諒報告朱教育長來談中大之情形，聞之甚為心煩。午餐後與實之弟談工作。小睡至三時許起，約望弟來談處務。核閱呈件三、四件。傍晚閱第四組批表十七件。六時張屬生同志來談，彼願就任第二處副主任職務，與之詳商處內各事及新增業務之處理。約定俟新添職員補充後，請其即來處視事。八時晚餐。餐畢，果夫來談。旋許局長靜芝來談授勳事。九時卅分後處理四組各件，十一時始畢。十二時寢。

5月2日　星期日　晴　七十八度

七時卅分起。函程天放兄，慰其喪明之戚。摘呈魏文官長來函，為暫緩發表授勳事，下午奉批可。又辦發代電數件，其一為慰留中大分校唐培經主任事。閱第六組呈件十八件，處理五組件兩件。沈宗濂兄自印度歸，特來訪談，約四十分鐘。對印藏關係，言之甚詳。十二時卅分到官邸陪客聚餐。到大學校長十餘人，皆中訓團受訓者。餐畢，委座有詳切之指示。二時卅分歸，天氣轉熱，午睡至四時許始起。代朱經農君辦理經費案呈件。約希聖兄來談組務，並商協助宣傳進行之事項。七時晚餐。夜研究公務員醫藥、教育、生育補助事。處理四組件十二件，發函三緘。十二時就寢。

5月3日　星期一　晴　八十三度

七時卅分起。未參加紀念週，以盥洗既畢，已後時也。閱四月下半月之外交電六十餘件，分別處理彙存之。閱六組呈件卅餘件。何敬燁君來訪，知其在川劍閣專員公署任職，此人為故友何戟門之子。十二時卅分到官邸參加黨務會報，到青年團副處長以上人員等共四十人。委座有詳盡之指示。二時卅分歸，以委座交下手諭，對今日五三紀念中央日報未有論文，深為不滿。謂黨內宣傳何以愚弱無能如此。張部長及中央日報社長應記一大過云云。又對於明日五四撰文事有所指示，此手諭乃交余轉知吳秘書長者。余知道藩兄歷受訶責，神志已極沮喪，只得將前段暫隱，先將明日撰文事與鐵公及道藩略談。三時後休息，至四時起。約希聖來商宣傳事，並約滄波來談。決定以五四紀念文字由滄波執筆。五時約自誠來談。六時以委座手諭前段密函錄送吳秘書長。七時到中宣部，閱定滄波所撰之論文，即至中央黨部，應戴、吳之約晚餐。到均默、楚傖、立夫、騮先等諸人，商三民主義叢書編纂委員會事。十時歸寓，核閱芷町兄所留呈之四組呈件十四件。十一時道藩、滄波兩兄兩訪。道藩神情激越，謂既知不宜，非引退不可。余以為應從業務上求解決，個人進退為次要問題。勸說甚久，一時別去。二時就睡。

5月4日　星期二　雨、陰　七十二度

八時起。連日神經不寧，今日似更覺徬徨不安。委

座近來督促宣傳事業甚力，余雖不在其位，亦斷不可袖手旁觀。然而苦思竟日，終無即可實行之好方案。晨接滄波來書，可見同志間之畏怯與艱難亦日甚一日，閱之足增憂念。九時卅分張君勵君來談。十時卅分賴景瑚君來談西北大學與工院情形，並留交一關於航業建設之計畫書，談一小時而去。芷町來，與討論充實人員事，一時後始去。午睡至三時起。閱六組情報件卅餘件。約希聖來商中央日報事，迄未有妥善解決方案。旋唐組長來談六組事。蕭秘書來述留學國外之志願。七時偕芷町、宗瀾出席星二會餐。委座對業務有所指示，九時散。約雪艇到辦公室一談，處理四組呈件十餘件後返寓。十一時卅分寢。

5月5日　星期三　陰　七十度

七時卅分起。今日仍精神不振，終日若有鬱結在心，作事無力，未及初夏，已頹唐如此，不知何以善其後也。委員長欲購覓孝經及易學各書，先以相臺本孝經送呈之，餘由叔諒覓購。為高宗武請發旅學費。十時朱經農君來談中央大學經費事，約半小時而去。李運華校長、宋儒耀醫師（自成都來）先後來訪，均無心接晤也。午餐前擬小睡，以恢復腦筋，終無效果。一時午餐。餐畢，又睡一小時許起。約滄波來談中央日報事。閱六組情報件多件。傍晚閱四組批表二十件、呈件七件。盛世才來電即呈。夜作簽呈，論考察高級班學員事，並商吳壽序，十一時寢。

5月6日　星期四　晴　七十四度

　　八時起。九時出席黨政考核委員會第十一次會議。孔、于、居均未到。戴院長主席，討論卅一年度中央政務機關考察報告（通過主計處、內政、外交、財、糧、經、交等各部），十二時卅分散會歸。遇王冠青君，匆匆略談。良英甥及湘紋甥女自上海來，今日抵此，亦僅與談十五分鐘而已。午餐後改定委座贈吳達詮主席壽詞，孟海所撰也。小睡未入眠，三時卅分起。閱六組情報件十八件，內容多重要者，費時約二小時。並核正五三講演及宣傳指示之紀錄各一件。並處理積件數件。今日仍覺疲散紛亂，不能用心。唯果傍晚來談，乃建來報告會報情形。夜處理四組件九件，與芷町、祖望先後談話。十一時卅分就寢。

5月7日　星期五　晴、夜雨　七十三度

　　八時起。今日上午精神稍佳，但心思仍極散漫。閱報後辦發代電數件，擬致吳主席賀壽電。九時卅分吳文藻伉儷來防。文藻甫自印度歸來，為談游歷錫金及通藏大道情形甚悉。並商入黨手續，歡迎其加入本黨。旋吳秘書長來談宣傳部事，約三刻鐘而去。羅時實同志攜果夫函見示，談一刻鐘去。吳開先兄脫險回渝，於十二時來訪。陶百川兄同來，談至一時許去。午餐後神經緊張，睡而未成，起後徬徨不寧，心跳甚劇。閱第六組呈件匆匆了事，為從來所未有。以宣傳部事，終不放心，約滄波來談，囑

其勸道藩兄勿消極。傍晚悵念公私，覺諸事紛繁委積，殊有如何自了之感。晚餐後希聖兄來談。八時後道藩來訪，與之詳談二小時。旋閱四組批表。十一時卅分就寢。

5月8日　星期六　晴　七十八度　夜雨

六時前即醒而疲甚，至七時五十分始起。閱何總長送來之校閱73、76兩軍訓詞，覺詞意簡明平實，為略改數語。嗣芷町來，以為應重擬，然余則以為不必也。今日上午仍勉強作事，但頭腦昏沉。李中襄君來談新檢業務甚久。談話太多，客去後疲甚。又接滄波一函，表示去志，更受刺激。午餐後天熱心躁，欲睡而不能入睡，徬徨憂急，百感襲心，宋儒耀醫師來，為余拓製牙型，並談其出國之志願，約一小時去。祖望來談，良英甥不欲入中央儲蓄會，彼誠不知謀事之艱也。近日公事待理未理，私事又紛雜相乘，真覺排遣不開矣。送辟塵婚禮，恐事多遺忘也。傍晚芷町來，閱第四組呈件。毓麟來談，勸其暫時不必出國。夜芷町與商人事，十時去。十時卅分後就寢。

5月9日　星期日　晴　八十二度

七時卅分起。昨晚睡眠已足，但精神仍未復正常，心思煩亂，不能自抑。思欲料理積疊之件，亦復隨作隨止，不能進行。十時唯果兄來談青年團事，約一小時許而去。彼貽我補血丸兩瓶，堅卻不可，乃受之。午餐時皋、皓兩兒來，余亦無心與之談話。餐畢小睡，神經緊張，不

能成眠。旋即起，閱外交電二十餘件，處理私函數件。四時往謁委員長，談宣傳業務，並報告本處之業務，約四十分鐘而歸。委座今日言次有命我兼任政職之意，聞之益深惶悚。傍晚天氣更悶熱。夜處理四組件十五次，往訪鐵城先生，談文化與宣傳等事，十時歸。洗澡後十一時就寢。

5月10日　星期一　晴　八十度

七時卅分起。奉委座電諭，往訪亮疇先生，商擬致邱相、羅總統，祝北非大捷電。亮公於一小時內擬成英文稿，余攜回打字，並為譯成漢文。九時卅分到官邸呈核定後即發出之。因此事故，紀念週及國防一一○次常會均未出席也。十時卅分後擬修改講稿，心煩無成就，勉進午餐，食之無味。餐畢小憩，乃心跳不止，達半小時以上。服Lum始稍覺鎮定，然未入睡。思慮牽縈紛雜，有神經失常之象。念及自身工作，對侍從室新增業務未安排，應委之人員未物色妥善，而手諭飭辦之件則有自三月至今未辦發者，遷延曠誤，誠不知何以為人，更何以為公務員矣。力自斂抑繁思而終不可得。三時起，閱六組情報多件。伊盟事件日益擴大，藏事亦在醞釀變化之中，共產黨野心甚熾，蓄謀甚狡，至堪隱憂。四時公展兄來談，約一小時餘，請其擔任中央日報總主筆事，幸蒙採納余意，不如滄波之堅執，稍愜余懷。老友徐荷君兄來訪，與之談話約半小時。傍晚與良英甥及辟塵姪孫談話，對良英之工作方向，頗有所指示。七時卅分晚餐畢，處理四組呈件十一

件。八時後道藩兄來談，真不知何詞以相勸慰。彼歷述其
志願在藝術宣導，並商宣傳部事，談兩小時餘始去。芷町
來，略坐片刻。十一時卅分就寢。

5月11日　星期二　晴　八十度

八時起。昨晚談話太久，睡眠不甚佳。晨起作私函
數緘。九時卅分李白虹同志來訪，李為四川合江人，屬生
所介紹，在黨政考核會工作，見解通達，態度亦佳，可造
之材也。談約五十分鐘而去。閱各報社評。為理論研究及
發表文字事有所指示，辦代電及函各一件。午餐後略睡未
熟，起後與鐵城通電話。閱六組情報件多件。四時出席官
邸特別小組會議，六時許散會歸寓。續閱外交電數件。由
辛兄傍晚來談。八時偕林、陳、王主任等赴星二會餐，九
時卅分偕屬生同歸寓，詳談甚久。至十一時卅分寢。

5月12日　星期三　晴　八十二度

七時卅分起。閱情報件十六件。九時新疆建設廳長
林繼庸君來談其赴新工作之計畫，在水利與工礦製造並
重，其見解與熱誠俱極可佩。十時卅分蕭青萍君來談，謂
在雲和晤大哥，近體殊衰弱，聞之心憂。旋徐專員士達來
談浙省政治及吾甬屬狀況甚詳。上午見此三客，便無餘暇
作他事。午餐後芷町來談總動員會議事。小睡甚酣，三時
卅分起。四時後王芸生君來談一般時局，余勸其不可露焦
慮之意於報紙，否則將抑低讀者之戰爭情緒，王君以為

然。五時熊天翼將軍來訪，詳談軍、政、教育、外交，至七時始去。自誠來談。夜往國民政府省林主席之病（係腦充血，尚不重）。歸理四組呈件，十一時畢，十二時寢。

5月13日　星期四　晴　九十度

七時卅分起。天氣較昨日更熱，頭腦昏悶，撰中華醫學會六屆年會訓詞一篇，閱外交電多件。項遠村君來談。向午唯果來談。午餐後續談卅分鐘而去。小睡一小時。約希聖兄來商宣傳業務等事。陳啓天君來訪，囑四弟代見之。以近日不能作長時酬對之談話也。實之來報告上午謁見委座情形。沈宗濂君來談對西藏任務不敢受命，囑為轉陳。吳國楨次長來談外交部各事。傍晚寫簽呈三件，閱六組件十餘件。夜乃建、芷町來談甚久。簽擬戰後經濟建設籌備委員會工作大要之審查意見畢，已十一時卅分。洗澡後就寢。

5月14日　星期五　陰　八十度

八時起。昨晚入睡已遲，今晨醒後殊感睡眠不足，且心煩異常，不及昨日之寧定。十時許程天放君來，談中政校人事之複雜、紀律之廢弛，有出人意計之外者。程君表示去志，多方勸慰之，約談一小時餘而去。往國民政府問主席病，知昨晚熱度較高，今晨熱已退，但口角微歪，嚥下運動仍未恢復，其他無異。與呂參軍長略談歸，則已十二時矣。時間輕輕過去，上午竟未作一事，懊恨之至。

午餐後小睡至一時五十分起。心思不能集中，見文件即心
煩不止，余殆將病矣。閱六組批件後，四時往十七號參加
法、經、教三專會聯席審查會，審查義務勞動法及禮樂館
組織。六時歸。七時晚餐。為宏濤事簽報委座。夜與芷町
長談。理四組件。十一時卅分寢。

5月15日　星期六　晴　七十六度

　　七時卅分起。簽覆關於提倡唐代文化研究之件，又
閱外交電數件。董顯光夫人來談託兒所事、招待外賓事及
國際宣傳處事，約一小時餘，聽之甚感疲倦也。奉委座批
准委葉實之為四組上校秘書。午餐時約其來談，囑於二十
日以後就職。餐畢小睡未成眠，略合眼即起。辦發關於補
助陳啟天研究費事之件，閱講稿半篇。旅滇同鄉張福彭君
來訪，積祚陪之同來，蓋張懋昭先生之姪也，旅昆明已
二十年矣。旋許紹棣君來談浙江省教育及一般省政情形約
一小時。繼熊天翼君來談中央設計局之任務與職權劃分
事，七時始去。處理私函十餘件。夜處理四組文件三、四
件。芷町來談經濟。平遠來談戰局。十一時卅分寢。

5月16日　星期日　陰　七十四度

　　七時卅分起。八時卅分委員長約往談，面論發動輿
論，促羅邱會談實踐其攻緬之諾言。並告各報撰論評美國
排斥華人法案應廢止，以聞美國會十九日將討論此案也。
退即紀述要點，十時卅分約滄波來面授之，略談而去。

十一時胡煥庸君來談中大事。十二時金岳霖、蔡翹、張其
昀等六教授來訪,彼等應約赴美講學,委員長囑約其午
餐,十二時卅分同至官邸,一時卅分午餐,餐畢回寓。陳
辭修長官今日由昆明來,在官邸匆匆一晤,即赴戰區。小
睡起,辦出積件二件,閱定講稿對設計考核之指示一篇,
發表羅斯福之覆電,上書報告委座請假一日。六時卅分回
老鷹岩。七時一刻到,夜閒談。十時寢。

5月17日　星期一　陰　七十度

　　八時五十分起。山中氣候陰沉,今日突轉寒冷,似
有寒流來襲也者。初醒時甚感不舒,至十時以後乃覺精神
頗爽。修改黨政訓練班十四、五期開學訓詞一篇,約一小
時許而畢。天忽下雨,不復能出外散步,甚為失望。午餐
後小睡約一小時,二時卅分起。三時後天色漸霽,乃至會
議廳前閒步久之。山中幽靜異常,雨天更靜,僅間有鳴鳥
之聲而已。乘此閒時,乃將五組之去年度考績案辦就,自
四時起,至八時竣事,手腕為之發酸。研究四、五組業務
分配,未得結果。十時卅分寢。

5月18日　星期二　陰晴　七十二度

　　昨晚未服藥,五時許即醒,又疲甚,不能即起,強
自合眼,至七時許即起。盥洗畢,出外略為散步,即進早
餐。至八時動身,八時卅分回渝寓。閱中央日報社評論美
移民律事,頗為未妥之處,即約滄波來,囑於拍發外電時

補救之。閱六組批表多件，研究芃生之呈件，又審閱唐組
長之簽呈。向午閱四組呈件四件。午餐後六弟來談。小睡
未成眠，三時即起。何淬廉君來談戰後經濟建設之設計
事，約一小時去。以精神不佳，再小睡以補足之。傍晚閱
行政院各部事務會報紀錄，發函三緘。夜芷町來處理四組
件八件，寄鐵城函。十時卅分寢。

5月19日　星期三　陰晴　七十六度

　　七時起。七時五十分偕希聖到堯廬，八時舉行研究
大會，請熊天翼君來講演對美國工業發達原因之剖析與中
國工業之前途，約一小時五十分畢。旋略談後即回寓。閱
王芃生君之三民主義國際問題研究件。向午蔣夢麟君來
談。午餐畢，未小睡。一時到銀行同人進修社，為辟塵主
持婚禮。女宅姚姓，江蘇人，青甫先生證婚，賓客到者
三百人，三時禮畢歸寓。閱六組件，五時往訪亮疇先生。
彼血壓甚高，勸其休息靜養二星期，談一小時餘而歸。閱
四組批表二十餘件。吳國楨君來談。發出盛世才電。夜處
理四組各件，讀各機關長官對中國之命運意見。致細、憐
函。十一時卅分寢。

5月20日　星期四　晴　七十八度

　　六時卅五分起。未幾聞有空襲警報，督飭公役準備
雜物。李唯果兄來談，八時後聞敵機二十五架襲梁山機場
後東去，乃解除警報。唯果略談即去。閱讀各高級人員對

中國之命運意見，一一對比於原擬修改之稿，約希聖兄
來，請其對第三章及第二章末段再加酌改，九妹、皋兒
去，寄去細、憐學款。為畢範宇簽請謁見。午餐後小睡一
小時起，閱六組件十餘件，五組件四件，處理私函若干
件。以我們的團長稿寄還中央團部，尚係卅年送來者。與
六弟談話。五時堯樂博士來訪。六時鐵公秘書長來談中央
黨部事。晚餐時實之來談。餐畢，處理四組各件，芷町、
希聖來談經濟件，甚可憂心。十一時寢。

5月21日　星期五　雨　七十度

七時卅分起。簽覆審核王芃生君三民主義研究法表
解一件，閱外交電二十五件。今日天氣涼爽，精神較佳。
上午心境寬裕，似頗有餘閒，可思量工作者。規定實之弟
之工作項目一紙，擬與屬生、芷町商量後定之。十二時
十五分到孔公館，應孔副院長約午餐。到何總長、吳秘書
長等二十人，餐畢商談社會問題與物價問題。各人發言太
多，在座者多未能盡詞。四時散，回寓小睡起。閱六組
件。吳國楨、喬義生來訪，值入睡未接晤也。周宏濤君來
談。傍晚周國創君來談。夜閱四組批表二十件，處理四組
件十一件，批發五組件五件。十一時寢。

5月22日　星期六　陰　七十度

七時卅分起。八時出席黨政工作考核委員會，繼續
討論卅一年度中央政務機關之考察報告，計十六單位。至

十一時卅分完畢。歸寓後閱外交電八件，又閱中統局報告一件，交六組。十二時卅分午餐後小睡，至三時起。今日天氣涼爽，頗可作事，而仍不能集中心思，僅閱六組呈件十餘件及報紙而已。與吳國楨次長通電話，請其注意加拿大公使遞國書之變通方法。四時洽卿先生來談浙災籌賑會事，約一小時餘而去。簽呈請示下週小組會議事，奉諭仍照常舉行。唯果攜兒女來訪。邱大年君來談三民主義教育學。芷町來，處理四組件十餘件。晚餐時自誠來談。亮疇先生來談。今夜未作事。十時後就寢。

5月23日　星期日　晴、夜雨　七十八度

七時卅分起。閱參考消息，昨日莫斯科廣播，第三國際執委會已宣告解散，並解除各國共黨對該組織所負之義務。研究我國宣傳要點五項，於九時五十分謁委座請示，奉諭保留評論。又報告近週之事若干則，並詢羅邱會談情形，承交下宋來電七件，歸後詳閱，於午前呈還之。滄波來商宣傳事。午餐後小睡約一小時起。今日天氣漸熱，下午僅閱外電若干則及六組件，未作其他工作。與公展及自明通電話。與自明商定二十六日開會之事（即行政三聯制檢討會）。傍晚偕芷町出外，到浮圖關散步，一小時而歸。晚餐時與希聖、自誠談畢範宇君對中國之命運意見。晚餐後處理四組件十餘件，作簽呈一件。十一時寢。

5 月 24 日　星期一　陰晴　八十度

七時五十分起。不及出席紀念週。辦發公函數件
畢，赴軍委會出席國防最高委員會一一一次常會，對第三
國際宣告解散事有所討論。張、吳、戴、孫、孔各委員均
有發言，但未有結論。又通過實施提審法及鹽稅，每斤加
三元各案，十二時十分畢。季陶邀我談浙災賑款事，十二
時卅分歸。委座召往詢會議經過，並面諭關於中國之命運
修正要點及對羅邱會談宣傳上之注意點。一時歸午餐。張
曉峯兄來共餐。餐畢小睡至三時起。何孟吾君來談生產會
議事。閱呈希聖之研究報告一件。沈祖伐世兄來談。旋乃
建組長來談。閱第六組情報件約四十件，異常費力。晚餐
後與實之弟談。九時芷町來處理四組件，國楨次長來談。
發盛世才兩電。十二時寢。

5 月 25 日　星期二　陰晴　七十八度

六時五十分起。昨晚入睡已遲，實際只睡五小時
餘，故晨起精神頗覺疲倦也。修改甘副秘書長送來之行政
三聯制檢討會議代擬訓詞稿。以原擬稿人萬君默在忽忙之
中寫成，頗多不妥之處，為之刪改，並補充三大段，九時
卅分交繕。閱第六組批表四十餘件，外交電十餘件。十二
時到官邸，舉行參事會報，並午餐。到二十五人，由郭斌
佳、張子纓、王芃生先後報告歐美情勢及戰局前途之觀
察。二時卅分餐畢歸寓。思午睡片刻，而神經緊張，不能
合眼。四時到官邸，參加特別小組會議。先與到會者敘談

約一小時。至五時，委座蒞臨，乃開會。今日討論主題為第三國際宣布解散事之探討。吳秘書長及庸、雪、道藩、成章、文白諸君均有闡述，六時始散。承命擬中央社消息一則。八時又至官邸參加星二會餐，林主任以事未到，第三處施公孟、陳粹勞兩專員參加。九時許餐畢，果夫與余詳談約五十分鐘，聽之頗疲怠。十時到堯廬舉行本室會報，林主任仍未到，余代為主席，討論房屋分配等案九件。十一時十分畢，與希聖同歸。雙目枯燥，神思昏倦不可支，蓋今日一日開會四次之故。十二時寢。

5月26日　星期三　陰、小雨　七十二度

七時起。八時到國防最高委員長參加主席團會議，九時行政三聯制檢討會議舉行開幕式，委員會親臨主持，並致訓詞，十時畢。十時卅分接開第一次大會，主席團推余主席，請孔先生致詞畢，由渝市黨部市政府代表報告實施經過，十一時五十分散會。即歸寓，午餐後休息至二時卅分起。下午大會請假未出席。王宇高君來談。叔諒來談。研究吳秘書長發表談話事。並審核希聖所代擬件之內容，殊覺措詞尚應斟酌。與岳軍通長途電話，知遂寧、嘉定均有小騷擾。夜辦理四組件。謁委座報告。十一時十分就寢。

5月27日　星期四　陰晴　七十二度

七時卅分起。覆紐約孔令侃電。以廣西靈渠之事蹟

覆陳蔣夫人。又發朱、程教育長各一函，說明委座所發臨時費之用途。九時到國防最高委員會，參加三聯制檢討會議。由陳之邁、（行政院）王雪艇、（設計）陳公洽三君分別報告實施經過，內容精要。十一時散會，與鄧友德君略談而歸。午餐時與希聖商談組務。奉命研究戴維斯論文，託希聖辦理之。又核定第三處託呈之件。午睡至二時卅分起。閱六組情報件十九件，約乃建來談，託帶交何總長、吳秘長一函。研究生產會議訓詞，何浩若君所擬也。唯果來談。夜處理四組件。頭痛心煩，十二時寢。

5 月 28 日　星期五　陰、下午晴　七十六度

七時卅分起。昨晚服ALLONAL二丸，而今晨五時後即醒，殆藥量不足也。以生產會議訓詞初稿交繕寫，十一時沈成章秘書長來談，則謂文內務必提及兼重農業生產之義，則又須重寫矣。為發表新聞及三聯制會議事，上簽呈二件。並準備三聯制會議閉幕詞要點，下午奉諭無暇親臨，請孔代為主持，乃廢棄之。今日午睡僅一小時許起，後有寒熱之感覺。核閱五組工作報告。傍晚核閱四組工作報告。夜參加本室七十四次會報，商談節約問題。十時五十分歸。十一時寢。

5 月 29 日　星期六　晴　七十五度

清晨下雨，氣候轉涼，七時後又有睡意，直至九時許起。閱報及參考消息，研究中共度態度及本黨應付方

針。十時後有空襲消息，肖堂、平遠、唯果、誦盤先後來此，旋發警報，接發緊急警報，敵驅逐機十餘架到長壽後飛去。旋知在梁山投彈，十二時卅分解除警報。午餐後小睡起。三時十分往國防最高委員會參加行政三聯制檢討會議閉幕式，由孔致詞，四時卅分禮成。與鐵城、雪艇同至官邸謁委座，商定今晚開臨時中常會，以林主席病象較前數日為重也。五時參加何總長召集之談話會，六時卅分歸。往謁主席問病。閱情報多件，九時參加中常會，決議修改國府組織法條文。十一時十分歸，疲甚即就寢。

5月30日　星期日　晴　八十二度

七時起。自昨日清晨患喉頭腫脹之症（即小舌頭垂下），今日仍不癒，頗以為異。修改生產會議講詞一篇，係就希聖兄之意見而補充之。又審閱中政校校慶日訓詞紀錄稿兩篇。十時工作完畢，聞有空襲警報，旋知敵機一架入市空，與遠平、唯果諸兄入室小坐，談前線之戰事。十一時後警報解除。午餐時與希聖兄談整軍問題。飯後續談一小時，囑其繼續研究。略睡一小時許起。祝苇南（紹周）司令來訪，談陝南情形。今日皋兒歸省，為余配藥，然喉疾仍未癒也。夜與芷町談時局甚久。十一時後就寢。

5月31日　星期一　晴　八十七度

七時卅分起。八時到軍委會出席紀念週，聽陳大齊先生報告公職候選人考試法。九時十五分禮成而歸。今日

喉頭更紅腫作痛，天時驟熱，不耐工作，上午只得休息，
但就床偃臥，亦未能成眠。午餐時食飯一碗半，食之無
味。午後小睡起。閱外交電數件，接泉兒來函，附寄甜菜
糖一包，其工作之成績也，亦足欣慰。今日聞前線情況甚
好。三時到堯廬開本室考核會議，林主任以軍事部分事務
較繁未出席，餘均到會。由第一組至十一組及機要組、參
事室先後報告工作，並檢討應如何聯繫。凡開會三小時
餘，至六時五十分始散會。七時晚餐，毓麟來談。八時
五十分往謁委座報告中常會事歸，曾虛白來訪。處理四組
各件。十二時寢。

6月1日　星期二　晴　九十二度

七時起。今日第二次生產會議開幕，以事不能親往，託希聖兄代為參加。八時到堯廬，舉行國民月會，對本室一、二處同人闡明鄂西勝利與第三國際解散之意義，對各同人之生活工作多所激勉，九時禮成歸寓。十時蕭生自誠來談，決定發表生產會議之訓詞，並對蕭生個人作事處人之態度有所勸誡，談一小時始去。作私函數緘。處理私人及公家函件十八件。午後小睡起，閱六組件二十餘件。與四弟、良英等談話。傍晚為曾虛白君核定HAUSER之蔣委員長印象記，內容約五千言。天氣燠熱，不可耐。實之來談。夜參加主任會餐。九時歸處理四組件，十時卅分就寢。

6月2日　星期三　陰、夜雨　八十四度

七時卅分醒，仍有睡意，假寐至八時卅分起。處理函札數件，並研究戴維斯赴蘇前論文一篇。致林桂圃函，討論宣傳及理論事。王亮疇先生自南山休假歸，特來相訪，氣色腴潤有加，請其多休息幾日，談卅分鐘而去。午餐後小睡一小時餘起，閱六組批表數件。三時出席教育專門委員會，審查出版事業管委會所提改正郵資加價案。到出版事業會趙英倫、郵局代表王裕光。五時畢回寓，閱六組情報件卅餘件，並核定五組發文三件。曉峯兄來談一小時許。自誠來談。八時到官邸陪委座晚餐。九時十分歸，辦發催發中大積欠款之代電。處理四組件。徐公起來訪。

十一時卅分就寢。

6月3日　星期四　陰　七十八度

八時起。審閱書稿一件，閱外交電八件，辦發對行政院催辦中大經費之訓電。九時吳特派員澤湘來談一小時許。十一時滬友李軔哉偕吳任滄君來談約一小時。十二時卅分陪同金岳霖等五教授到官邸午餐。餐畢，略談，二時歸寓。略睡三時起，朱騮先君來談一小時餘，聽之甚為費力。四時卅分唯果又來談，余已疲甚，酬接之際，甚不自然。五時唯果去後閱六組呈件十八件，改五組發文四件。晚餐時與希聖談生產會議事。七時卅分芷町來，旋徐可亭來談糧食問題，幾及二小時。如此長談，甚所不耐，然事關急要，又不得不與應對也。力子、天翼來訪，彼等不知余疲勞，談至十一時五十分始去。十二時寢。

6月4日　星期五　陰、下午晴　七十五度

八時起。吳澤湘君再來訪，託辦飛機，交涉擬全眷赴新，為電話商曾部長未成，囑其明日先行，並為函告檢查站。十時唐組長乃建來訪，談組務人事布置及中統局之情形。閱六組呈件，作簽呈三件：

（一）查覆文信書局事，

（二）關於左翼文化人事。

研究致各省黨部電稿之措詞。為宗武致月笙函。午後小睡起，略覺心思不暢，殆由昨日見客太多之故。四時

許芷町來，商酌為本年徵實徵購致川參議會之電稿。盧滇生君來談秘書廳事，甚久而去（國防會調查陪都公務人員數，黨四千人，政五萬六千餘，軍一萬九千人）。與委員長通電話，決定為糧食問題告民眾書暫緩發。旋徐可亭部長來，商定致川參議會電稿。夜加擬致川省黨部電稿。夜九時曉峯來辭行。十時卅分就寢。

6月5日　星期六　陰晴　七十六度

八時十分起。夏令乃晏起如此，實由臨起時骨節酸痛，精神疲怠也。川省徵實問題，地方人士對徵購價額要價過高，索五百元一石，政府只允二百元，尚不知如何解決。閱各報評論後，起草致各省市黨部訓電一件，至十一時卅分完稿。如此一短文，乃濡滯至此。竺鳴濤君將去浙，訪余辭行，談一小時許。十二時十分午餐，餐畢略睡。研究希聖兄對戴維斯出使前談話之研究報告，所見甚大，特為轉呈。閱六組件十餘件，周佩箴先生來談農民銀行事。晚餐時力子先生來，餐畢，與談于先生對行政院財部有所誤會，請其從中疏解，並談蘇日關係及役政等。八時發出致川參議會及黨部之訓電。芷町來談工業建設問題甚久。處理四組呈件。十一時卅分就寢。

6月6日　星期日　陰晴　八十度

七時卅分起。研究關於中國之命運修正之件，約一小時餘，尚未得結論，擬明日續為之。十時道藩兄來，詳

談中宣部之近況，十一時後始去。閱第六組批表卅件，情
報件二十餘件，核定五組發文五件。午餐後小睡，甫合
眼，為僕人驚醒，敵機襲梁山，本室發空襲警報。芷町來
談，三時往嘉陵賓館，賀盧滇生嫁女，男宅林氏，林康侯
之子也，李印泉證婚。與談滇事。四時卅分歸，委座召往
談，示余華盛頓來電數件。五時卅分往訪亮疇先生，有所
商談。六時歸，傍晚益元內弟來談。夜蕭自誠來談。處理
四組件四件，轉呈盛世才兩電，十一時寢。

6月7日 星期一 晴 八十六度 端午

七時卅分起。略進早餐後，即赴國防委員會出席聯
合紀念週，何總長作軍事報告，述太行山與鄂西戰局之經
過。禮成後，謁委座有所報告。九時出席國防會一一二次
常會，討論特別刑事法令案甚久。十一時卅分散會，與
孔、戴及王雪艇君三人商宋部長來電，關於羅總統建議與
我領袖會晤。十二時十分歸，午餐，餐畢，將商談要點紀
錄，於三時卅分親謁委座面陳。即奉核發覆宋電，交俞秘
書發出之。回寓後，天熱神疲，不思作事。傍晚處理四組
呈件八件。驌先來談。七時卅分到嘉陵賓館，參加委座招
待生產會議同人之宴會。九時歸，實之來談。十一時寢。

6月8日 星期二 晴 八十九度

七時五十分起。接劉光炎君來函，討論宣傳事，即
作一函覆之。九時卅分俞松筠君來談衛生署之情形及公務

員健康保險制約三刻鐘而去。俞君純潔熱誠，其人格至為
可佩。處理公私函札十五件，至午始畢。午餐後小睡不足
一小時，天氣漸熱，室內頗感鬱悶。閱六組批表二件、呈
件三十餘件，發文五件。四時到官邸，參加中央特別小
組，討論主題為對地方行政之指導方針。總裁指示，應加
強縣級黨務，並以中心學校與保學校長任鄉鎮保甲人員，
謂此二點為改善基層政治最要條件。六時散會歸，陳克成
傍晚來訪。讀中國之命運，並以中華軍事史略稿呈閱。晚
餐後孟海兄來談，閱四組件五件，手令四件，與良英甥談
話。十一時就寢。

6月9日　星期三　晴　九十五度

七時卅分起。閱邱吉爾在國會之演詞，對中國只提
及一語，其仍側重歐洲可知矣。上午閱讀中國之命運，並
作覆核校訂文之工作，先以疑義一一紀之於另紙。十時王
文伯副祕書長來談設計局之工作前途及其個人工作意向，
因此間斷四十分鐘，至中午僅讀至第五章止。午餐後小睡
起，閱六組情報件廿餘件。委座與周恩來、林彪談話紀錄
一件。四時後仍續閱中國之命運校訂本，至六時卅分完，
尚未著手修訂也。宋儒耀醫師來訪，談三刻鐘去。閱四組
批表，知委座心緒甚煩。夜處理四組件，託良英寄五妹
款。熱甚，十一時寢。

6月10日　星期四　晴　九十四度

　　七時卅分起。昨夜睡眠充足，晨起精神較爽。審閱中國之命運改訂本，遇字義不甚妥者再為擬改五、六處，又於第三章後加附言一段，乃委座前所面諭也。上午將此事辦竣，交省吾另繕一本，下午送呈，並將全卷交省吾保管之。午餐後小睡不足一小時即起。良英甥辭別歸滬，囑其問候家鄉親友，目送其行，為之黯然。閱六組情報件卅件，閱呈外部呈文一件。四時後天漸熱，道藩來談英國邀我記者團觀光事及其他宣傳事務，談約一小時餘而去。旋滄波來談，監察院對於考核庫款辦法事，成見仍極深云。傍晚閱外部代擬聯合國日用之電稿廿六件，以三件呈核。晚餐後奉手諭一件，芷町來談，閱四組呈件。十二時寢。

6月11日　星期五　晴　八十九度

　　五時卅分即醒，復矇矓略睡，至七時卅分起。以昨晚服藥量較少，只睡四小時，故今日精神至感沉悶而疲倦，幾於不能用腦。又以委座手諭督詢本室人員應受黨訓班訓練，以及指定課程研究一事，甚難推行，不易呈覆，思之甚感迷惘。閱本日報紙後，即無力作事。宋儒耀君來商余助其請購留學外匯，為之介紹於俞次長。午餐後小睡亦未熟。金誦盤君來，邀之診脈。誦盤謂余有微熱，仍勸余必不得已時服足量之安眠藥，以保睡眠。並謂其所投之酸棗仁湯方劑，乃調理根本，與西藥所用之安眠藥並不重複也。誦盤去後，沈開越君來辭行，將出任暫二師副師

長。閱六組情報卅餘件，又處理較繁複之件二件（毓麟陳
對韓研究）。四、五時許天氣稍悶熱，但五時以後有涼
風。六時毓麟兄來，談其五月二十二日發表對外談話（繼
羅邱會談而發者），未蒙次長允准，有妨職權，意欲辭
職。余以戰時宣傳之理論及機構與職權應有之解釋備告
之。六時後天氣更轉涼，疑近地下雨也。六時卅分到卡爾
登晚餐，會辟塵之新親。到姚鐵心、姚善輝及德哥、實之
弟、望弟、益弟、六弟等。余以接委座電話先歸。八時後
姚鐵心來訪，略予周旋，即登樓。處理四組文件凡十二
件，芷町談至十一時去。服藥就寢。

6月12日　星期六　陰　八十度

七時三刻起。今日天氣較涼，睡眠亦足，精神與昨
不同矣。讀各報社論後，致王芸生君一函，頗鼓勵之。接
芃生來函，述對外宣傳之意見。十時唐組長乃建來談中統
局事及組務。十一時鄭通和廳長來訪，談甘省政情，約卅
分鐘。委員長將聯合國日祝電核定發下，即交繕存，一份
送還外交部辦發。午餐後小睡一小時起。閱第六組呈件
二十件。吳國楨次長來談。四時轉呈顧大使電及新疆來電
一件。傍晚核簽青年團呈件四件。夜處理四組呈件十六
件。今日本擬赴山寓，以恐有外交事待接洽，故留渝未
往。十一時寢。

6月13日　星期日　陰、中午晴　八十四度

八時十五分起。讀中央日報社論，覺選題措詞均有不當，以電話告該報注意。覆王芃生君一函。十時夏光宇君來訪，談從事交通事業之經過及經濟設計辦理之要點，頗多經驗之談。夏君為果夫所介紹，與余為初次見面，然盡言無隱，談一小時餘而去。閱六組情報件二十餘件。十二時到官邸陪張公權、顧孟餘二君午餐。委座命轉致各報為美移民律案撰論。一時卅分餐畢，歸寓小睡，至二時卅分起。皋兒來寓，未暇與詳談也。閱外交電卅六件，分別繕交王、潘參考。四時卅分公展來談。五時卅分力子來談。傍晚知林主席病象較重，八時往國府列席會議，九時歸。處理四組件，十一時就寢。

6月14日　星期一　陰、下午雨　八十度

七時卅分起。睡眠充足，天時涼爽，精神較佳。八時到軍委會，出席紀念週。總裁親臨主席，由吳次長國楨報告外交部業務，分平等新約、戰後資料準備、外交人才培養三點，講演四十分鐘，詞極簡要。禮成後，與蕭青萍談話後歸寓。閱各報社論，大致平平。惟新華日報則籍以表示彼黨之立場。午餐前閱外交電十件。小睡一小時起。十二時到戴宅，舉行中政校校務委員會十四次常會，開會三小時餘，頗覺疲憊。今日六組情報件特多，有去年三月電報而至今偵譯者，閱之甚費時間。傍晚摘呈文告，請示「七七文告」要點。夜處理四組件，十一時寢。

6月15日　星期二　陰晴　八十三度

　　七時卅分起。昨晚睡眠又不甚酣適，晨起後精神不舒。以侍衛班約余作精神講話，既已允諾，不得不勉為一行。先訪第三組馮組長，值外出未晤，在其室內略坐，即至外勤隊講堂開始演講「侍衛人員應有之認識與修養」，聽者五十人，演講歷一小時又十五分而畢。歸寓後乃覺疲憊異常。閱益世、大公兩報論文關於美國移民律事。詞旨甚多不妥，函滄波注意之。午餐小睡五十分鐘起，精神仍疲，且有微熱。滄波來談一小時餘，殊無好懷。閱第六組呈件廿餘件。又閱魏大使寄來美國對戰後和平主張之報告二件。夜主任會餐，因病請假。芷町來談。十時就寢。

6月16日　星期三　陰、清晨有雨　八十度

　　枕上聞雨聲甚大，為之喜慰，蓋近郊苦旱久矣。七時卅分起。讀陳公洽先生惠贈之演講詞，審閱各報評論，閱外交電七件。十時卅分朱經農教育長來談中大近事，約一小時餘而去。午餐畢，奉委員長電話約談，面交盛督辦送來函呈及附件等十八件，命審核辦理。又奉交下甘肅谷主席為甘青劃界事之呈文，命一併審核處理之。繼詢余病況，余不欲詳言，僅謂因少睡常覺有微熱，且異常疲倦而已。委員長謂過度疲勞時不可勉強工作，旋即退出歸寓。李唯果兄來訪，勸余保重身體，並談幹部學校事及外交部事，約卅分鐘而去。一時卅分午睡，僅半小時即起。閱新疆送來各件，除孟一鳴、潘柏南、劉西屏之供詞未閱，史

牧布哈特之供詞略閱一部分外，餘均全文細閱一過。對阿
山暴動案及四一二暴動案之背景，可概見一斑。以其內容
複雜，先交第六組詳為審核之。傍晚閱六組呈件四十餘
件。由辛、實之來寓，晚餐後與彼二人談業務一小時許。
陳藹士先生來訪，談法會祈雨事，約卅分鐘去。閱四組批
表卅六件。十時唐乃建組長來談，以新疆各件面交之，並
談侍從室業務及六組組務。旋祖望來談。十二時寢。

6月17日　星期四　陰　七十七度

　　七時卅分起。閱駐美大使館送來報告三件，以（一）
美國各方對戰後和平之意見，及（二）美國戰後社會經濟
計劃概要繕呈委座閱覽。又上簽呈二件，閱公私函札十一
緘。覆芃生函。並致細、憐兩兒函。午餐時芷町來談。餐
畢處理四組文件六件。唯果來談，昨日午後蘇聯大使請見
委座，係為請求電盛督辦對中蘇友誼應盡量維持，今日委
座正有去電，囑令對撤退之技術人員檢查時勿過於苛細，
乃據外部報告而發也。小睡起後，閱第六組呈件卅餘件，
又處理公私函札三緘。徐可均來訪，以事辭之。六時三民
主義叢書委會開會，請假未出席。七時赴山寓休息。夜十
時寢。

6月18日　星期五　雨　七十二度

　　九時起。大雨竟日，霧氣迷濛，下午更甚，八步外
幾不辦人面，因之不得出門，但枯坐室內與允默及旦姨閒

談家常而已。渝郊近仍缺雨，秧禾有尚未栽植者。今日之
雨，想可透潤，裨益農事當非淺耳。午餐時食香椿荳腐，
晚餐時食自種洋芋及本山之橄欖菜。園蔬味美，勝於肉食
遠矣。下午小睡一小時餘起，天昏黑，不能作事。七時後
有電燈，為準備文告，取去年書告遍讀之。覺參政會開
會、閉會詞及全會宣言三文，為文詞較充沛之作也。十時
十五分就寢。

6月19日　星期六　雨　七十一度

　　晨七時卅分起。天雨未止，但大霧已散。略進早
餐，即自山寓動身。九時五十分抵美專街寓，睡眠已足，
氣候較涼，故精神亦佳矣。閱四組批表二十餘件，關於侍
從室規定課程案今日奉批下照准，即送林主任實行。十二
時果夫、立夫兩兄來談，至一時始去，為中統局事也。一
時卅分午餐畢，小睡約一小時。閱昨、今兩日報紙，知蔣
夫人已離加回美。四時唐組長介紹陳琮（適義）君來談，
其思想偏於嚴整急進之一路，謂中國不能全學英美，談卅
分鐘而去。旋唯果來談，約一小時。今日約兒患病，六弟
往沙坪壩視之，深夜始歸。七時芷町來，晚餐後研究糧食
部呈件及處理四組各件，十時完畢。十一時就寢。

6月20日　星期日　雨　七十四度

　　七時卅五分起。昨晚服藥量不足，睡眠甚不佳。晨
起後精神惝恍，而易感憂鬱。十時接委員長電話，詢去年

蘇德戰事週年有無去電祝賀，答稱未有，乃謂今年以不必去電矣。約鄭秀民秘書來談，指示其業務，並詢其家庭狀況。十二時卅分到官邸，與林主任陪同委座午餐。餐畢已將二時。歸寓與明、樂兩兒（今日星期歸省）略談，即小睡至四時起。閱六組情報件十餘件。覆蔣夢麟函。並致中央社函。夜八時卅分往謁委座，報告各事，承指示對七七文告之要點，九時卅分歸。處理四組各件。十一時就寢。

6月21日　星期一　晴　七十八度

七時起。昨晚睡足，精神頗佳。七時卅分芷町來，進早餐後，與芷町、希聖同往出席紀念週。賈煜如部長報告邊疆從政人員優待條例，歷四十五分鐘。九時散會，接開國防最高委員會一一三次會議。討論對法國民族解放委員會成立後我對維琪之態度甚久。十一時余請先退席歸。代擬致奧欽勒克就任之賀電，並閱四組件。午餐後小睡起，以何總長之意，擬致史大林祝賀蘇德抗戰二週年紀念電。四時呈委座核發。四時卅分陪伯苓、夢麟五人見委座。出至四組一轉歸。乃建、毓麟、厲生先後來談。夜國楨、自誠來談。處理四組件。天翼來久談。十二時寢。

6月22日　星期二　陰晴　七十八度

七時卅分起。處理函札四緘。摘錄關於七七文告之要點，並函於組長索取材料。九時卅分後唐組長來，面談關於新疆盛督辦送來之報告審核經過，逐件詳閱核定之。

至十一時卅分完畢。午餐後，與希聖談七七文告事。閱第
六組批表四十餘件。小睡僅略一合眼即醒，精神頗困頓。
三時項定榮兄來談。旋朱經農君來談。四時出席官邸特別
小組會報，六時卅分完畢。歸寓後與沙孟海兄談話。閱手
諭四件。八時偕希聖、秀民參加主任會餐。九時十五分
歸，發新聞一件。十時後芷町來處理四組件。十一時卅分
就寢。

6月23日　星期三　陰　七十七度

九時卅分起。晨六時醒後不欲即起，七時後又入
睡，蓋藥力也。睡眠充足，天氣陰涼，精神頗爽。閱敵議
會開會件（芃生送來參考材料）。皋兒今日來家，與談醫
藥問題，彼勸我為引致睡眠，宜服適量之藥。董為公君來
談約一小時。十一時惺甫部長來談內政部業務，大有倦勤
之意。以職權問題，戶政與新縣制經費不易增加，提案每
被院議否決，又談佐理無人，張次長不得力，甚以為苦。
十二時到官邸，出席參事會談，二時卅分始畢。歸寓後，
閱六組件。陶益生君來談，與余有同病之感。委座命致陶
君旅費萬元，面交之。旋吳文藻君來談，將赴甘、寧、新
考察，談卅分鐘而去。傍晚呼匠理髮，晚餐後為由辛談業
務。九時卅分芷町來，處理四組之呈件。商毓麟事。十一
時卅分寢。

6月24日　星期四　陰　七十八度

七時三刻起。昨晚睡雖充足，而今日精神極不振，胃呆骨痛，目燥神疲，下午更有怯風虛熱之現象，因之心境亦為之不舒，與昨日迥異矣。上午約乃建、毓麟先後來談，對毓麟痛誡其對人處世應力祛驕矜之氣，彼雖唯唯，察其意似領悟不深也。午餐時與希聖談宣傳事。下午小睡一小時起後，徬徨煩躁。閱六組批表四件、情報件二十餘件。致道藩、滄波函，又致公展兄函。作簽呈一件。夜未食飯。十時洗澡後寢。

6月25日　陰　星期五　七十九度

七時卅分起。搜羅關於撰擬文告之參考材料，一一統閱而標點之。發王雪艇君一函，告以對外文告最好於二十八日呈核。十時唯果兄偕丁宜中君（前朱一民長甘時之秘書長，貴州人）來訪，與談十五分鐘。向午忽覺頭腦漲暈，且略有發熱之象。午餐後注射 Humbvial 一針，思小睡竟不能合眼，屢睡屢起，頗以為苦。傍晚甘自明君來談。甘君去後，又就枕小憩，今日真憊極矣。晚餐時閱六組件十餘件。夜芷町來，閱四組批表廿二件，處理四組件五件。十一時宗濂來談經濟問題。十一時卅分寢。

6月26日　星期六　陰　八十度

七時卅分起。今日整天為撰擬文告而忙碌。自九時起，編摘要點，預擬提要，十一時開始撰寫，至中午僅

成前段。希聖兄又有補充文字送來。午餐後小睡不足一小時即起。繼續撰寫第二、三段，芃生送來參考文件一種，閱之而未採用。五時芸生以函來，並寄文字兩段，亦覺粗率無可取。其時天氣漸熱，目枯神疲，只得略為休息。晚餐時芷町來，略談十分鐘。飯後續寫對經濟問題一段，疑難紛起，幾於無從下筆。勉強續成，於十二時完稿。一時就寢。

6月27日　星期日　陰雨、下午晴　七十九度

八時十分起。今日天氣甚爽適，精神亦暢。十時將七七文告再加審酌後即繕呈核。午餐時自誠來，飯後聽其報告會客情形。小睡至二時十分起。閱埃及公使湯武之報告。又約力子先生介紹夏君所著之司法論文二件。處理私函十二緘。四時公展來談中央日報事。五時乃建來談王芃生君處務情形。閱六組呈件及批表。傍晚吳國楨君來談訪英報聘團事及情報司事。夜處理四組公事十五件。王雪艇君送來對外文告初稿，擬明日送呈親核。十一時卅分寢。

6月28日　星期一　雨　七十七度

七時起。校閱對外文告。七時卅分芷町來，與之同至曾家岩。委座召約往談，交下告民眾書告及手諭要點，命更改次序，酌量加入新意，且限今晚完稿。乃向紀念週請假，回寓研究，非重寫不可。九時芷町、希聖自紀念週回，又共同斟酌之。囑君章補查材料，並請希聖先為起初

稿（就原稿改竄之）。十一時後閱各種參考資料。十二
時十分午餐，餐畢小睡一小時，三時卅分希聖函來，乃
知並未改撰，僅酌擬意見若干處，於是不得不親自屬
筆。五時郭斌佳來談十分鐘。時間既迫，端緒又多，安
排去取甚難得當。七時十分匆匆完稿交繕。八時到官邸
晚餐（與道鄰談話），承交中國之命運改定本。九時卅
分歸。十一時寢。

6 月 29 日　星期二　雨　七十五度

　　晨七時卅分起。閱兩日來積疊未閱之表件等。奉委
座諭，准以李白虹為第四組上校秘書。九時五十分往銓敘
廳訪林主任，談出行前方期中應接洽之事，並與蕭秘書通
電話。十二時卅分在委座官邸午餐，晤戴雨農君，談浙省
政治。午餐後奉委座面諭，對外書告應加入一段，並交下
戴維斯談話譯文，命研究應發表否。回寓小睡約一小時
起。約毓麟來談，又致芃生一函，因此稽遲，乃不及往送
林主任等之行。四時後閱六組呈件及批表等四十餘件。五
時往訪亮公未晤。歸老鷹岩休息一天。謁候林主席病。夜
十時卅分未服藥就寢。

6 月 30 日　星期三　陰雨、下午霽　七十三度

　　八時起。略進午餐，整理雜物後，十時與允默同車
返渝。十時卅五分到達，詢明毓麟兄，知芃生兄係奉命另
擬告民眾書，乃電話約其來談。彼初意欲另擬告敵國民眾

書，持之甚堅，余以時間匆促，勸其此時不必作，且留待
八一三再撰。一面託搜集對外文告補充資料，並以對內稿
囑其攜去整理補充。十二時十分始得午餐。餐畢睡甚酣，
且多夢，三時始起。即至十七號出席法、教、經專委會
（審查國民義務勞動法），又開法、教專委會聯席會議，
與王夔青君在十七號晤談一小時。六時往訪亮疇又未晤，
遂歸。閱六組批表及呈件廿餘件。又閱四、六組兩組會議
紀錄。貝淞孫君來談。旋芷町來談，並攜來四組呈件六
件，分別處理之。夜八時五十分約張少南牙醫商裝牙。十
時卅分陶百川君來談。一小時而去。十一時卅分就寢。

7月1日 星期四 陰 七十八度

晨七時起。八時到堯廬，參加國民月會，林主任公出，由余主席。為同人講明抗戰將滿六周年時之大勢而鼓勵之。九時會畢回寓。與希聖兄商對外文告應注重之點。今日精神似頗健爽。閱各報後並核閱會議記錄多件。十一時卅分亮疇先生來談。十二時十分午餐，餐畢小睡甚酣。三時起，閱六組情報件二十件，又核定發文二件。傍晚研究青年團女青年處、工作管理處、服務處等四單位之工作計畫及請求特撥經費之件。端緒紛繁，久久不能決定，姑且置之。七時晚餐，七時卅分芷町來，處理四組件十件，將青年團之件初步核簽後，十一時卅分寢。

7月2日 星期五 陰、下午晴 八十度

七時五十分起。閱報知美海軍在所羅門島及新幾內亞東南又佔領三個島嶼，西南太平洋方面續有進展，或為盟國攻勢之前奏也。待王芃生君之文至十一時尚未見送來，使我懸心而不能開始工作。日期漸迫，不勝焦急之至。中午亮疇先生來談，對於告聯合國書告提供兩點意見，並謂雪艇之初稿甚穩妥，談卅分鐘而去。十二時十分午餐，餐畢注射防疫針，略就午睡，二時十五分起。核改講詞紀錄（黨訓班二十五期畢業訓詞）。今日皋兒、細兒均來寓，益弟亦來，未暇與談也。閱六組呈件三疊、外交電二十件。四時唐乃建兄來談組務及其他，約三刻鐘而去。處理函札十五件。梵生之文於三時及六時各送一部

分，瑕瑜互見。夜芷町來談。十一時寢。

7月3日　星期六　陰、微雨、下午晴　七十九度

七時卅分起。允默及細兒於九時卅分乘車回山寓，余盥洗畢，略進餐，即著手修改「告聯合國民眾書」。將第一段略加潤飾。第二段補充敵人在南洋等地生產與擴充造艦計畫等，約四百言。第三段第三節重寫一節，係採納王芃生君之意見。王之結論部分今日九時始送來也。第四段結論重寫一段，十一時卅分完畢。午餐後小睡一小時餘起。聞委座今日將歸。閱第六組情報件及待呈文件若干件，研究南太平洋之戰況。五時卅分雪艇來商文字，依其意向，又將告聯合國書告再刪改若干次。六時委座歸，八時卅分往謁，報告各事，並呈上文稿，致曾虛白一函。與芷町談組務。十一時寢。

7月4日　星期日　陰、正午晴、下午陰雨　八十一度

八時起。頗有睡眠不足之感，閱各報對美國獨立紀念之評論，今日中央日報之文亦頗不弱。續閱外交電多件。自誠來談甚久。十一時函亮疇先生，請代委座擬覆羅總統電（來電係告夫人在美情形與離美日期）。午餐後小睡。一時卅分到官邸，委座交下對內文告修正稿，命再斟酌補充，對照改撰，至六時始完稿。貴嚴電話約談，竟未克相晤也。傍晚七時芷町來，為之核改對工作競賽給獎典禮之訓詞稿。國華來談。旋達程亦來談。知蔣夫人今日平

安抵渝矣。夜九時五十分接委座交下告聯合國民書改正
稿，即為研究修改增刪，至十一時卅分畢事。十二時寢。

7月5日　星期一　陰、下午晴　八十四度

七時卅分起。今日皓兒自工次回渝，與之略談。余
因昨晚改就之對外書告尚未酌定，今日紀念週（張宣傳部
長報告）請假未出席。國防最高委員會一一四次常會亦未
參加。九時十五分攜稿往呈委員長，報告修改經過，至
十二時許奉核定交下。午餐畢注射 Pantocrins 一針。將對
外書告命省吾送雪艇改譯。小睡至二時卅分起。閱六組情
報件十五件。新檢所送來中共七七宣言，措詞荒謬，公然
與國策相背謬，且謂其敵後作戰牽制敵軍半數以上，其意
似謂我各戰區將士僅有一半之勳績，此外更多詆毀煽惑之
詞，閱之堪為痛憤。四時卅分蔣經國兄來談青年幹部學校
之籌備計畫，唯果兄同來。經國之言甚平實而澈底，然以
幹部學校任國防科學技術之設計與人才分配，則未詳其具
體辦法也。蔣夫人歸來後頗感勞頓，不及親訪，致書問
候。閱中國之命運，擬增訂之十年建設計畫表，送希聖兄
為抄正，六時委員長約談，交下核改之告全國軍民書，歸
而視之，對經濟一段及對敵一段修改最多，命再研究修
正，遂就原稿對照再改，至九時始完畢。委座近來凡遇教
誨軍民之件，均不憚反覆諄囑，不厭其詳。其實如稍就簡
短，則傳誦或更廣而印象轉益深，然委座叮嚀之意，則吾
人應體念者也。芷町來談甚久，慨文字著作之難。十一時

五十分寢。

7月6日　星期二　陰、下午晴　八十六度

　　七時卅分起。今日天氣稍熱，昨睡亦未暢適，無力作他事。九時委座來電話，索閱對內、對外文告之繕正件，嗣又索閱對外一文之譯稿。十一時以繕正告民眾書送呈之。並先以對內書稿送中央社，俾其從容油印也。謝耿民兄來談亮疇先生病狀。蕭同茲君來談約一小時。午餐後以對外文告原件及譯件併呈。小睡殊未熟，三時起。蕭秘書來，再修改對內文告一段。四時後委座灌片廣播告全國軍民書，歷卅五分鐘。六時蕭秘書復攜來廣播稿，又加入一段重繕，通知中央社，由六弟代勞，甚迅速周妥。閱第六組情報件兩疊，約卅餘件。八時偕實之往官邸，舉行主任會餐。席間報告各事。雪艇、果夫發言最多。九時卅分偕屬生歸余寓，談一小時餘而去。處理四組件四件。十二時寢。

7月7日　星期三　晴、稍有陰雲　八十九度

　　七時卅分起。未及參加紀念典禮，以略感疲倦也，閱各報所登紀念文字，以孫哲生一文為最特別。至各報社評，大致平實無精采者。閱四組呈件五件，又閱黨部所呈之人事法規，約葉秘書實之來談，詢其內容，以性質繁複，暫且置之。十一時董顯光君來訪，為余購來藥用各物五種，安眠藥獨少。談卅分鐘去。午餐後小睡甚熟，起後

天熱。閱英文譯件，並閱六組件。朱經農君來訪，談中大事。傍晚黃季陸兄來訪，談川省各事，一小時去。毓麟來談此後之工作。閱四組批表卅五件。七時芷町來，閱四組今日呈件五件。夜核閱覆羅總統祝電稿之譯文，唯果兄來談久之。十一時就寢。

7月8日　星期四　陰　八十度

七時五十分起。今日天氣突又轉涼，諒由四郊續有降雨之故。九時到美專街十七號謁亮疇先生，商七月四日史迪威將軍轉來羅斯福總統電。此為七月六日星二會談時委座面交者，當時與雪艇匆匆商而未決定，委座意欲亮疇先生共同斟酌之，故攜電往商也。談十五分鐘歸，略擬簡短覆電，送俞秘書（周宏濤代收）呈委座親閱焉。處理前兩日積疊之件。楊玉清君來，無暇與談，約改日再見。華西大學文學院長羅忠恕君來談發起東西文化學社之旨趣，以錢賓四加函介紹，故特接見而詳聆之。余對此舉頗疑其真正效果如何，若其事則固值得贊助也。程天放君來，談中政校事及自誠志願出國事。午餐後小睡至三時起，乃忽覺骨酸頭痛，且似有微熱者，口腔甚苦，胃亦不佳。四時亮疇先生處會集商司法人員訓練事，乃不得不請假焉。皋兒適歸家，為余診視，謂無大患，就床休憩。岳軍來訪，亦未延接也。五時卅分後略痊，閱第六組情報件卅餘件。七時卅分到官邸，應蔣夫人晚餐之約，亮疇先生及孫夫人等均到，九時卅分餐畢乃歸。自誠來，談其出國志願可暫

時打消，為之一慰。與芷町理四組件，核定覆謝七七賀電六件。十一時卅分寢。

7月9日　星期五　陰　七十九度

八時卅分始起。天時陰溫，今日仍略有微熱之象，酸痛疲頓，精神不能積極，殊以為苦。午前校閱恩施軍事會議講評（上）（下）兩種。委座能對各將領之精心指示，實為參謀人員之最好教材也。午餐時唯果兄來，餐畢談話約一小時而去。今日午睡僅及二十餘分鐘，起後改定為徵實徵購及積穀致各省主席電稿，餘時校讀中國之命運。四時劉參事澤榮來談，撲誠可敬。何公敢來談土地問題與貨幣問題，歷一小時又二十分鐘而去。仔細研究，覺其不可行。閱六組件二十件，四組件十件。夜十一時寢。

7月10日　星期六　陰晴　八十四度

八時起。閱報並閱四組批表卅件。九時十分到中央訓練委員會開會，到段、果、立、甘、藩、厲、宋宜山等，討論第二期高級訓練班之召訓辦法及標準，至十二時卅分完畢歸寓，則四弟已自北碚歸矣。午餐後與四弟略談。第二次注射防疫針，小睡至三時許始起。閱第六組呈件十餘件，批表四件。四時厲生來，與之同去中訓團高級班。五時委座來，約集果夫、東原、書貽、厲生及余五人，詢談對學員分配之意見。六時召集高級班學員訓話。委座諄諄以不計權利名位養成政治家氣度相勗，不

知學員之感動領悟何如。七時歸寓，閱四組文件四件。
今日將中國之命運修訂本呈上。夜無事，與諸弟閒談，
十一時就寢。

7月11日　星期日　晴　九十一度

　　七時三刻起。天時晴乾，兼之昨晚睡足，精神頗覺
舒暢。閱報後作函三緘，又函慰芷町之疾，聞其傷風頗劇
也。九時三刻到中訓團參加高級班及第二十六期畢業典
禮，中央大學學生三百四十餘亦來聽講。委座致訓，勉以
養成責任心，發揮同情心，歷一小時餘始畢，十二時歸寓
午餐。余出席中訓團典禮，以今日為第一次，此為委座無
言之教所感動，參加後甚感心安。午後小睡約一小時半而
起。閱第六組組件十二件，核閱五組發文六件，審閱論文二
篇，作致許君武君一書。四時卅分到四組，詢葉、鄭秘書
以組務情形，並核定文件五件。歸寓作簽呈一件。六時回
老鷹岩休息，傍晚散步四十分鐘。夜十一時寢。

7月12日　星期一　晴　九十三度

　　六時卅分起。草草盥洗畢，即自山寓返渝，稍息
十五分鐘後往國府參加紀念週。八時開始，由甘自明副秘
書長報告後，總裁亦致簡短之訓詞，九時卅分畢。回寓讀
邏輯指要一章。邵力子先生來談，一小時餘而去。芷町仍
扶疾來余寓商公事，午餐後小睡一小時餘。憐女回家，蓋
已放假也。閱第六組呈件二十餘件。四時後到四組閱公

事，與宗濂、秀民、實之談話，六時歸。溥泉先生來訪。
夜續閱六組件，與憐女談話，覺其樸質天真猶昔也。乃建
來談，十一時寢。

7月13日　星期二　晴　九十七度

四時五十分為鄰室水管之聲所驚醒，六時後再睡至
七時卅分起。今日天氣轉熱，午前工作亦流汗不可止。囑
省吾以七七紀念各國來電及覆電彙集抄寫三份，備送各方
存閱焉。閱六組情報件若干件，楊玉清君來談半月刊事甚
詳，約一小時許而去。朱經農君約法學院盧駿院長（于
昉）及胡教務長等來談，其意似欲更易法律系主任，而又
不能決，似欲得余一言為準也者。余校外人，何能置一
詞。惟念近年教育界輕信善疑，往往一人傳說，百人盲
從，教師如此，學生尤然，故風潮之起，常自進退教授之
時為始。因質陳所見，謂何君方負分團部責任，不如仍舊
為宜，然竊訝經農何以如此無判斷也。徐浩（交通部專
員）來見，告經國已過粵赴贛，因車路被水沖斷，此間有
傳其車在途傾覆者。許卓修來談，乃詢常訪候而已。十二
時到官邸陪客，事前先見蔣夫人，承贈安眠藥等物品，對
允默亦有餽贈，使受者不安。十二時卅分會餐，到參政會
駐會委員十九人（獨左舜生未到），委座向眾表示：中國
應順世界局勢之推移速謀實施憲政，而其關鍵則在軍令、
政令之統一云。三時歸寓，天氣更熱。讀蔣夫人所贈之演
詞稿。四時後小睡半小時。續閱六組件。六時閱四組件

十一件。七時卅分晚餐，閱講稿一件。與四弟、九妹、憐
兒納涼談話。十一時寢。

7月14日　星期三　陰晴　九十五度

七時起。今日天陰而悶熱，九時後即汗出不止。接
委座手諭兩紙：

（一）為中央日報事，

（二）為考核手令事。

錄存待辦。致道藩函，又錄送聯合國領袖來祝七七
紀念電與覆電。午前閱外交電廿五件、六組批表約四十
件、呈件二件。逐件閱之，亦甚費力。十時卅分王曉籟君
來談，自言他人可經商牟利，而彼獨不可經商，以其為市
商會主席，乃法定團體之代表人，應為觀瞻所繫也。又謂
今日情形有污吏而未必有貪官，有惡販而未必有奸商。然
污吏如鯽，奸商如毛，國家社會因之交困矣。言及統一委
員會前事，亦深致不滿，談一小時餘而去。午餐時誦盤為
約尹兆康來診牙，匆匆一視而去。午餐畢乃不思睡，讀
思想與時代雜誌，研究處務，甚感無辦法。二時卅分後
矇矓入睡，三十分鐘而醒。今日患便秘，口苦而神思不
爽。准嚴振岳假一個半月。閱六組情報件二疊，約四十
件。學素出中訓團來談，半小時而去。到四組處理公事
十五件。心煩不暇詳慮。芷町病假二天，在余殊感不便
也。晚餐後熱甚，悲悶抑塞，驅車至復興關散步，半小
時歸。途中往訪岳軍於吳宅，談四十分鐘歸與弟妹等納

涼閒話。十一時就寢。

7月15日　星期四　陰　八十七度

四時許忽於沉睡中醒來，不能入睡，乃起而洗面，飲開水，稍坐，六時後再睡，至八時卅分起。為約兒寫兒時回憶八則付之。以連日閱公事太多，稍以調節腦筋也。核改致中國科學社、數學會等六團體年會訓詞一件。午餐後小睡一小時許即起。閱六組呈件卅餘件，又批表若干件，處理積疊之公私函件二十餘件，費時三小時以上。傍晚閱四組發文若干件。九妹及皋、憐今日歸去，皋今日入紅十字醫院就業矣。遣祖望往訪芷町之疾，四弟同往，五時後乃歸。夜讀邏輯指要十頁，甚喜其文字之雅馴。閱第四組批表十八件。與孟海談業務。四弟來談。十時卅分寢。

7月16日　星期五　陰晴　八十六度

七時卅分起。昨晚睡眠殊酣，蓋藥品係新自美國攜回，其品較新也。八時卅分約道藩、滄波、公展、百川到余寓商談委座手諭充實編輯部問題。以研究部設置不易，擬暫從緩，惟主筆人選必須特加延攬，聘足四人。談至十二時卅分始告一結束。午餐後諸君別去，余乃小睡，約一小時餘起。天氣稍熱，就六弟室中治事。閱六組呈件二十餘件、四組發文十件，又核定呈件四件。蕭青萍君來談。旋唯果來談。至七時回老鷹岩，八時到達。晚餐後閒

談，十一時寢。

7 月 17 日　星期六　晴、下午雨陰　八十度

七時起。八時自山寓動身，八時卅五分到渝。天氣
仍涼，惟昨晚睡似未酣也。委座命約稚暉先生今晚同過黃
山，以稚公有病，乃電話往辭之。閱四組發文等若干。李
雄（俠盧）來談，識見頗有進步。旋李立侯偕章益修來談
甚久。上午便如此匆匆度過。午餐畢小睡一小時許起。悶
熱異常，三時後下雷雨一陣，始涼快，室內溫度降八十度
以下矣。胡春藻先生來談一小時。旋尹志陶來訪，言將去
浙江。傍晚閱六組件及外交電。夜七時請林主任、張副主
任等一、二、三、四、五、六及機要組長到四組敘餐，為
介紹屬生也。餐畢懽談。十一時卅分寢。

7 月 18 日　星期日　陰、下午晴　八十二度

七時卅分起。接南開中學報告單，樂兒操行分數幾
不及格，作家書告誡之。草擬本室學術研究辦法十二條，
閱六組關於中共之情報八件。研究下週小組會議之議題，
寫成意見書一件。中午謙五內弟來談。午餐後作致大哥一
函，託尹志陶寄去。小睡約一小時起。積祚送來西瓜，剖
食一個，余只食兩片，乃覺胃中不舒久之，不知何故也。
研究關於留學方案之件，久久不得解決之道，只得置之。
六時卅分委座約往談話，交下中國之命運改訂本，需再改
一段。七時與芷町同歸。晚餐後談公事，處理四組件十八

件，閱定中政校畢業講詞一篇。十一時寢。

7月19日　星期一　晴　八十七度

　　七時起。八時出席軍委會聯合紀念週，由徐培根君報告美國經濟動員與工業動員，歷一小時始畢。九時二十分接開國防委員會一一五次常會，對外交問題，哲生、鐵城有所質詢；又對國內統一及中共問題，何、戴、吳、孔、孫均有意見發表。通過議案十二件，十一時三刻完畢。十二時岳軍來寓略談，同赴官邸出席參事會報，至二時始畢。唯果來談中央大學事。二時五十分午睡，至四時起。再閱中國之命運改正本，讀各報論文。今日午後天氣悶熱，余甚感不支，幾於不能用腦。閱六組呈件二十餘件。傍晚學素來談。晚餐後孟海來談。九時後處理四組文件凡十五件，費時兩小時。學素又來談。十一時卅分寢。

7月20日　星期二　晴　九十二度

　　六時五十分起。今日寒暑表之溫度不高，而酷熱甚不可耐，較之上週尤過之。午前修改中國之命運第三章第六節，補充文字。並修改學術研究辦法。又接於組長函詢對於複查及抽查手令之意見，為斟酌實況寫成若干條，送由芷町酌核會商焉。午餐後小睡一小時許。皚兒自學校回來，略與談話，覺其純樸猶昔，而言語行動終未能合度。閱外交電十餘件，核五組文件四件，閱六組情報件卅件。四時出席官邸特別小組會議，討論「健全縣以下黨政辦

法」，至六始時完畢。歸寓後真疲熱不堪，欲處理留學方
案等件未果。修改十九日對軍委會訓詞一件。八時參加星
二晚餐，九時卅分歸。乃建、自誠、芷町來談。十一時卅
分寢。

雜感補記

余體質荏弱，學問無根底，而性情迂執，感覺敏
銳，且行動最苦羈束，不能堪緊張繁複之生活。故自十六
年一至南京以後，即深感自身決不宜於政治上作事，而以
因緣牽率，終不能重歸我新聞記者之舊業。自二十三年到
南昌，次年受任侍從室職務，初雖不慣，後亦安之。自謂
此職較之其他獨當方面之職務於我尚屬比較相宜，且介公
左右著一比較淡薄而無企圖之人，以文字給事其間，或亦
有此必要，而能稍有裨補。然自三十一年以後，抗戰局勢
日益開展，已自覺此職非余所宜久任。以魄力不足，學問
不足，而體格精神更不足也。入今年來，則自覺不適宜之
點更多。其最大癥結，為接觸承辦之事務單位日多，一般
同志之作風喜向外鋪張，而余為主張收斂範圍趨於平實之
一人，此於調協見解不免勞而無功，徒然沽怨。再則介公
以精勤惕厲之心，入本年來，屢次暗示擴張侍從室之業
務，且從種種方面督率侍從室，向愈緊張、愈繁複之途經
以趨。緊張已非余之所勝，而繁複紛冗，治絲益棼，更為
余內心所不敢苟同者。此數月間，內心痛苦。要以此事為
最甚，輒復記之。

7月21日　星期三　晴　九十五度

　　七時起。今日清晨已覺悶熱，然視寒暑表僅八十六度而已。為高級班學員擬分配一、二人來情報組工作事，致函果夫先生，請其緩呈，容另選擇。又函學素兄託其檢查履歷。又函屬生兄請其推薦適宜者三、四人，備約談任用。為此一事，忙了一小時許，甚為悶悶。蓋數年以來，第二處用人委座皆付與我以選擇之全權，用能保持單純與切實之二原則。至今一、二處同人甚鮮對外活動而被視為多事者。今委座欲充實人事，他人或恐不免懷挾某種之錯誤判斷，而希望加入工作，則本室之作風不能確保其一貫矣。孤忠不達，為之悵然。九時卅分趙雨時君來談，名士氣習在所不免，然其志概亦有可取者。與余談出處、商文字，歷一小時餘而去。李白虹秘書今日到職來見，約略指示之。滄波以中央日報事來談。十二時到官邸，參加黨政會報，到二十四人，談對付中共荒謬宣傳之對策，各人意見不同，總裁略示意見，命再研究。二時歸，略睡至四時許始起。為夫人改榮譽軍人自治實驗區碑文一件。閱六組情報二批，計四十件，又閱四組批表二十餘件，改正對中華法學會訓詞一件。晚餐時芷町來。夜處理四組件約十件，與芷町詳談處務及個人所感之困難。十一時後學素來談。天熱不能遽睡，與祖望及四弟談話。一時寢。

7月22日　星期四　晴　九十六度

　　六時卅分醒，其實睡眠未足也，閱報及參考消息，

研究中共宣傳攻勢之用意，希聖有一報告，即為送呈之。
九時卅分委座約往談話，命往訪稚公，勸其移地避暑。又
奉諭接洽訪英團之人選，並囑轉達于、丁、局諸公往南
川。在官邸晤辭修兄，略談即出。至四組一轉，遂歸。簽
擬中央團部事業計畫及預算之件。午餐後小睡僅卅分鐘即
醒。天氣熱甚，幾不能工作。閱六組情報件二十餘件。四
時到軍委會出席會報，討論特種宣傳。六時到國府開會，
以主席今日病狀又有變化也。八時會畢歸寓。飯後處理四
組件十餘件，與芷町略談。十時後洗澡小坐，納涼至十一
時就寢。

7月23日　星期五　晴　九十七度

七時起。猶矇矓有睡意也。委座兩次來電話，欲余
陪同稚公過黃山住一、二日。晨起閱報後約希聖來商宣傳
事。九時偕實之往視稚公，值酣睡未醒，詢其同居學生，
謂病未痊癒，乃出。十時卅分再往，留談約一小時。語多
詼諧，無意渡江，並出示小啟，乃堅決拒絕有人為之祝
八十壽慶者。十一時卅分歸，核簽派遣留學生之件。午餐
後小睡四十分鐘醒。閱六組批表四件，繼續核簽關於出國
留學實習及考察等案共六件。四時中政校新聞科畢業生吳
俊才（湘）、潘賢謨（閩）來訪，間斷二十分鐘。至六
時，將各件簽辦完畢，即帶陶副官過江。七時到黃山，日
已落矣。天氣轉涼，與濟時、國華等在草坪上閒談甚驩。
八時謁委座及夫人，留共晚餐。夫人與余談學習國文事。

委座詳談對中共駁斥宣傳之意見，命再研究，十時退，
十一時就寢。

7月24日　星期六　晴　九十三度　在黃山

七時五十分起。昨晚睡眠尚佳，但晨醒較早，醒後
又入睡，以致晏起。盥洗畢，閱報，與俞秘書談話後，研
究告中共書告之內容，與六組及美專通電話，索取材料。
電力不足，聽不清晰。十二時往謁委座，又補充指示若干
點。吳次長國楨來見，委座諭對維琪應絕交，宜於星期一
討論之，但俟至八月一日宣佈云云。二時餐畢回室，作致
鐵城秘書長函一件。小睡至四時起。委座再約往談，諭令
準備續著「中國之命運與世界」，繼續討論文告內容。歸
後閱六組批表及重慶寄來參考件。八時到官邸晚餐，九時
卅分退，出與鐵城通話後，詢主席病狀，作簽呈三件。
十一時寢。

7月25日　星期日　晴　一百〇一度　在黃山，傍晚回渝

七時卅分起。閱關於中共宣傳之各項參考件，將委
座三次面示之要點貫通整理為三份，自九時至十二時卅分
完畢。共三次，凡四千言，其間多重複者，欲寫為一個文
告殊不易也。中午開軍事會報於大會客室，將畢時，余亦
前往陪同午餐。決定對中共謠言誣蔑暫置不理，以待其
自息。二時卅分餐畢，天翼、公洽兩君來余室，談一小
時餘而去。小睡至五時卅分。謁委座及夫人報告後，即

於六時動身過江回渝。抵美專寓已將七時矣。寒暑表猶在九十九度，近日之熱可知。晚餐後芷町來，處理四組呈件十五件，又核定發文及辦法五件。十一時洗澡，熱甚，十二時寢。

7 月 26 日　星期一　晴　一百〇一度

七時卅分起。邱大年君來訪。八時與希聖、大年同至軍委會，參加紀念週，原定何鳳山報告，以事遲到，由總裁致訓詞，報告義相墨索里尼下野之消息，並指示行政工作改進之點。八時五十分開中央常會，決議對維琪絕交。余列席一小時後回寓，往和園（設計局）訪雪艇，未晤也。轉上吳次長之報告一件。核定簽呈及通報（為學術研究）等件。午餐後小睡至三時許起。岳軍先生來談，彼明日將歸省城矣。蕭生自誠來談，閱五組文件十件、四組件三件。旋芷町來，處理四組各件畢，送芷町回寓，而自歸老鷹岩。十一時寢。

7 月 27 日　星期二　晴　一百〇二度

七時五十分起。九時自山中動身，攜邁兒同行，過化龍橋，接芷町同車回渝。十時卅分到潘仲三家弔奠其太夫人之喪。十一時奉委座命往訪稚暉先生，約其下午去黃山小住，略談而歸。閱今日各報及外交電多件。午餐後與希聖商酌中國之命運改訂本印刷之件，囑其重擬計畫。小睡至三時卅分，流汗不止。宋儒耀來訪。四時後處理六組

文件及本室學術研究各事畢，六時約稚公過江同去黃山，在官邸晚餐畢，下榻於雲峰嶺歸來齋。熱甚，十一時寢。

7月28日　星期三　晴、甚熱　一百〇二度

七時起。昨晚與稚公閒談，稚公論養生之道，謂：「當以儒家工夫參佛家精神。儒家莫重於懲忿窒欲。佛家主張屏絕貪、嗔、癡。嗔即忿，貪、癡即欲也。儒家之中，純任天機者，無過於曾點。即曾子亦有活潑潑地，乘運任化之意味。觀其臨死時之從容可知。顏淵最賢，在孔門中最認真，然乃早死。故知人生莫過於『無意無必』。彼所見友人中身體最弱者丁仲祜、李石曾、陳果夫，然葆生有道，故決能享大年。果夫之長處，在於對公對私一本於義，義盡則止，更無容心於其間。如遇挫折，亦不煩惱明日再作，仍然積極，故雖事煩而不疲也。」此言可為我針砭，故特誌之。不知能學到一、二分否。今日上午、下午閱報以外，理公事八、九件，此外則侍稚公閒談而已。山中天氣今日亦極悶熱，當在九十七、八度之間。故身體頗倦。午餐後小睡直至三時後始起，流汗不止。閱倍根之崇學編。稚公之徒陳君來山上。四時後奉手諭兩件：

（一）為命秘書參謀講學；

（二）為調郭紫峻或濮某來侍從室工作。

皆複雜而難辦者。五時曾部長養甫來山，同謁委座，商滇越路接收事。退而辦發代電四件，通電話三處。養甫於七時下山，余等八時晚餐，餐畢與芷町通話後，在陽台上陪

稚公談話，至十一時始就寢。

7月29日　星期四　晴　一百〇五度　山下

　　七時起。閱報後與稚公閒談。十時後天氣漸悶熱。委座來雪峰小坐。對交通部昨日之呈件有改正之指示，即通知四組改辦之。十一時卅分到官邸，謁委座，承交下敵方廣播件及駁斥論文之要點（即鮑爾溫在八月份讀者文摘中詆毀中國之論文），命余研究，略紀要點而歸。熊天翼君來訪，留共午餐。餐畢縱談中樞近況之應改進者，並及軍務要務。三時後別去，余略就睡。四時將留學批件及昨發手令等託陳凌海（稚公之學生）君帶去，並致公展、養甫各一函。傍晚更熱不可耐。夜委座再來雲峰，與稚公閒談甚久。十時後納涼，至十二時寢。

7月30日　星期五　晴、夜大雷雨天氣轉涼　一百〇二度

　　七時起。今日心緒甚為繁亂，所居之室炎熱，山下請示之件及另呈雜件過多，而腦力疲滯，頗有應付不周之苦。十時卅分委座召往談一次，以讀者文摘八月號內之論文再度見詢，又命可通知各省參議會與民意團體駁斥中共七七論文並質問毛澤東云云。乘便報告二事。下山歸室後，陳平階武官及楊交際科長來訪。午餐後小睡至三時卅分。閱書一章，揮汗辦理四組請示之件三件，又為半月刊事作函二緘。八時到官邸陪稚公晚餐，餐後與夫人談話一小時歸雲峰後，乃大雷雨。稚公健談甚，陪

之。至十二時寢。

7月31日　星期六　陰　八十六度

七時卅分起。今日天氣轉涼，然余之精神並不如何爽適，而頭腦轉有昏沉之感，或服食安眠藥過久之影響歟？與稚公談教育學術問題，彼詢余家子女之資性、教育等，一一告之。稚公謂大約五人之中，必有一人愛好數學與工藝者，觀於君家而益信，然文學與人文科學亦不可偏廢也。稚公又謂：中國人口實患太少，不患太多。從前疑國父所言或有過甚。如到河西一看，再想到新疆開發以後，則更悟繁殖人口之必要。即如江浙荒地，亦何嘗盡闢。水利電動力工業發達以後，必當改觀。總而言之，無眾民何以保廣土，此不可不知云云。午前閱外交電多件，呈請簽發覆克利浦斯一函，又轉呈孔先生函件（擬派蔣處長訪英），核改關於留學實習案之發文，甚費氣力。十一時謁委座，仍命研究駁斥鮑爾溫在讀者文摘所載評訐中國軍事之件。內容頗繁，不易得端緒。十二時卅分午餐，餐畢小睡。為俞秘書電話驚醒。委座囑詢張齡近狀，告以待調查。午後續閱鮑爾溫論文原稿，以他事屢屢間之，未有結論也。夜七時卅分委座及夫人在山上廣庭中招待外賓晚餐，到男女來賓約六十人。餐畢，佐以音樂餘興。十時卅分完畢，十一時就寢。

8月1日　星期日　晴、下午大雷雨　九十二度

　　七時卅分始起。實覺疲倦已甚也。近來不能早起，然醒時總在六時以前，往往醒後再睡，以補足之耳。料理各件畢，以宋元學案交蕭自誠秘書。九時謁委座後，與金組員省吾及陳書麟武官同車下山。十時抵美專街寓，以宣傳各件交金、郭複寫。旋學素來，報告定四日回浙，頗訝其何以如此局促。芷町來，接洽四組公事，共同研究處理，至午飯時尚未完畢。今日楊謙父弟、阮衡卿弟及紹棠甥均來寓，積迨亦來，小寓中甚感熱鬧。彼輩有星期休假，當然以暇日訪問，然余則無暇與談也。善卿內姪女偕積祚亦來，午餐時更熱鬧。餐後擬小睡而熱甚，且神經緊張，不能入睡。乃起與芷町談工作、談身世及今後之志願，以近日受督促頗繁，而一籌莫展，甚焦悶也。二時後忽大雷雨，雷聲之大、電光之烈為畢生所未見，至五時後雨始稍止。命邁、遂陪善卿去山洞。約希聖來商宣傳，屬生來商人事。六時卅分到堯廬，應各組長約餞鄒副主任之行（調任辦公廳總務處長）。八時卅分餐畢，與蔚文主任及陳、唐兩組長商人事之件，只決定原則而已。今晚七時零五分林主席病逝於官邸，余則未知也。國府開臨時常會，亦未去。十時回寓，錢端升君來談一小時餘。留英文函數緘，囑轉呈者，十一時後為略閱之。又處理公私函札十五件。十二時寢。

8月2日　星期一　晴、夜雷雨後稍涼　九十度

七時起。得林主席噩耗，與果夫先生及亮疇先生與張壽賢處長通電話，詢知一切後，即趨車至國防最高委員會。八時十分謁委員長報告，八時十五分舉行紀念週。今日以主席逝世，應為國喪之第一日，故紀念週未舉行報告，由總裁報告噩耗後，領導全場文武默哀三分鐘，禮成。今日本為國防委員會常會之期，亦決定停開一次。各中央常委即在會議室聚談，交換意見，商定對於主席喪儀之節目等，九時卅分畢。謁委員長報告，並請親簽名章備用。因照中常會決議，今日起即以行政院長代理國民政府主席也。十時回寓後譯函稿一件，又閱五組件十餘件。午餐時擬約學素一談而未能覓到。餐畢天氣轉熱，小睡不甚熟，三時起。對校四弟譯件（錢端升與英國友人來往函），並料理雜件。三時卅分偕稚公赴老鷹岩謁林主席遺容，並參與移靈告殮之典禮，到者約二百人。遺體入棺時，念此慈祥之元首自茲不可得見，為之愴然。與果夫過山舍小坐，七時偕稚公歸渝。芷町、學素、孟海均來，紛沓之至。仍處理四組文件十件畢，即赴宣傳部召集之談話會。到啟予、為章、國楨、顯光、鳳山諸人，討論對外宣傳案，並敘餐。九時許又大雷雨，十一時會畢返寓。與望、諒談話，十二時寢。

8月3日　星期二　晴　九十一度

七時卅分起。核閱上月四、五日兩組報銷冊等件，

並核付個人（由竺副官經手）之另用，月支竟達七千六百元。長此以往何能支持，實堪深慮也。九時與委座通電話，奉諭應請文官長、參軍長照常幫忙負責。又諭示中國之命運應增補，命余及希聖於明日下午上山。今日上午閱報後，閱第六組呈件等多件。向午約希聖來談中國之命運與五大建設之續著問題，午餐後始罷。小睡至二時卅分起。賀楚強君來談，乃分發到第二處任情報工作者也。經農來談，旋學素來談，知將去浙，准假三月，以五千元贈之。傍晚劉澤榮參事來談一小時餘，勸其入黨。今日發表何興（仲明）為第五組准尉司書。六時卅分乃建來詳談。七時芷町來。晚餐畢，處理四組公事十餘件，與芷町納涼商處務。接端升函。閱宣傳件。十二時就寢。

8月4日　星期三　晴、向晚涼、夜微雨　九十二度

七時起。作覆函四、五緘，核閱第六組發文及呈件二十餘件。研究關於充實中央日報社論之辦法及改進宣傳等辦法。今日上午辦理之事多零雜之件，甚費腦力。向午鐵公來談卅分鐘，其大氣包舉之概，令人可佩。以此工作又為所稽延。正午芷町來談，代核外人赴內地旅行之件三件。魏文官長呈辭，以辭呈備函退還之。午餐後閱訂社論要點。以飯後用腦，乃不能入睡，二時卅分起。閱外交電二十餘件，又處理私函若干件。劉澤榮參事再來談，介紹其特許入黨。接錢大使五月間發函。六時十分偕希聖渡江至南岸，七時抵黃山，八時到官邸晚餐。八時五十分委座

約希聖來邸，談中國之命運續著本。十時卅分寢。

8月5日　星期四　陰雨　七十五度　在黃山

七時卅五分始起。窗外霧氣瀰漫，室內亦非御重衣不可。已而微雨霏霏，儼如深秋矣。九時卅分往草房子陪見張公權君。彼即將出國考察，定下週起程，故委員長特為約談。詢其對經濟建設與金融幣制度及黃金借款等之意見，並指示赴美工作要點，談約卅餘分鐘。張君復至余室小坐而去。午餐時希聖來談，餐畢小睡至二時起。擬致摩根索財長函稿，又修改社論稿一篇。希聖所擬，將送掃蕩報刊之者也。四時委座約往談話，以大公報已有論文指斥鮑爾溫之文字，因決定不別撰評論焉。委座對戰後開發及首都問題有甚詳之指示。六時退出，散步半小時。閱外交電六件。夜讀邏輯。十一時寢。

8月6日　星期五　晴　八十五度

八時起。昨晚有微熱，晨起猶覺疲倦，且筋骨略作痛，想係受寒感冒之故也。實之送來報告一件，閱後轉呈之。又送呈四組表件九件，以委座今日不閱普通文件，故大部分仍退還之也。研究人事件，甚感煩惱。作簽呈未就。十時熊天翼君來談下屆全會應討論之議案，並及提早實施憲政之意見。十一時卅分去。午餐後偕省吾下山，過江回渝。一時卅分到美專街寓，小睡至二時卅分，乃覺發熱，骨痛。服散利痛一丸，仍強起治事。作函二緘，與鐵

城先生及吳次長通電話，卒不能支，頹然偃臥。六時許稍
癒，由辛來談。乃建來函，向軍政部查明我抗敵戰事傷亡
共二、六三〇、〇〇〇人。七時芷町來，夜核閱四組呈件
十餘件。十時卅分寢。

8月7日　星期六　晴　八十八度

　　四時卅分即醒，不能入睡，五時十五分即起。盥洗
畢，即與實之弟同赴山洞，抵林故主席治喪處時，僅戴、
葉、李委員先到，蓋尚不到七時也。呂參軍長面遞一辭
呈，即傳述委座意旨交還之。八時參加公祭，到百餘人，
總裁主祭，旋政府人員公祭，余未參加。約雪艇、同茲到
余寓談一小時，繼與家人略談後回渝，正十一時也。午餐
後四弟檢出高校同學回憶錄一冊，取而閱之，甚饒興味，
然廢時不少。二時後稍倦小睡，四時起。朱騮先部長來
談，精神奕奕，對粵桂黨政情形敘述甚詳，約二小時餘乃
去。閱第六組呈件及發文，七時卅分完餐後與芷町處理公
事。十時卅分就寢。

8月8日　星期日　晴、下午陰有陣雨　九十度

　　七時卅分始起。今日天氣轉熱，甚感不舒，心緒亦
甚繁。奉委座電話諭示，擬致史大林祝捷電（奧勒爾及比
爾哥羅德之戰捷），未及呈核逕發出之。研究全體會議之
議題，閱四組送來之呈件多件。關於調用郭紫峻或濮孟九
事，親擬一簽呈稿，午餐後送蔚文主任會核。一時小睡，

至三時許始起。處理公私函札若干件，閱六組發文二件、情報十九件。五時偕錢端升君謁委座，六時乃歸。對中央日報社論事委座有調整主筆人選之意，約道藩來談，亦迄無具體之好辦法。談約一小時三刻鐘而去。八時晚餐，餐畢芸生來長談一小時餘始去。兩度久談，真覺疲甚。與芷町處理四組呈件四件，餘不及閱。十一時寢。

8月9日　星期一　晴　八十九度

七時起。八時到軍委會參加聯合紀念週，由何鳳山講演美國外交，約一小時，條理明晰，聽之不倦，辯才也。九時十五分禮成，與雪艇、國楨等略談後即歸。閱各報社論，念中央日報事未有解決，甚為不快。閱第六組情報件多件，發函三緘。十一時邵沖霄君來談，擬請其任中央日報之主筆。十二時卅分官邸主任會餐，本處由厲生、白虹二同志參加，驪先亦來敘餐。一時卅分回寓小憩，甫合眼，而公展兄來，與談中央日報社論改進之要點。四時偕公展同至軍委會，出席國防委員會一一六次常會。六時歸寓，七時芷町來晚餐後，天翼來訪。余疲甚，芷町代見之。處理四組呈件八件，熱甚小憩。十一時就寢。

8月10日　星期二　晴　八十九度

七時卅分起，今日整日覺體力不足，且筋骨作痛，下午測之有微熱三十六度九以上，亦不知何故也。上午閱報後將批回簽呈二件分送之。委賀楚強為六組審核股股

長。閱第六組情報批件一疊。十時以某事（中央周刊四卷
廿六期西瀅文字）約滄波來談。十時卅分蕭化之君來談復
性書院刻書事。客去後，只能偃臥。午餐時胃口如常。餐
畢小睡未熟。三時陶樾（林村）君來訪，談四十分鐘。聞
中央日報將約之任主筆，余慮其未必勝任也。黨中汲引同
志只憑關係，亦由來久矣。傍晚幾不能作事，偃臥休息，
而心思甚繁。約迨兩侄來，與之講故事消遣，使腦力旁
注，此亦一道也。夜處理四組件，僅二、三件，芷町十時
即去。十時卅分寢。

8月11日　星期三　晴　九十二度

六時卅分起。核定第四組關於經濟案之審查報告二
件，又處理積案二件。根據五日在黃山時委座面諭，代電
孔副院長，發劉澤榮參事美金壹千元。處理各件畢，閱報
二份。九時卅分季陶院長來談政府制度與本屆全會之提案
事，彼主張修改國府組織法，恢復民十七之舊制，其言亦
殊有理，恐非當務之急也。談話未終，委員長電話相約，
季陶乃辭去。到官邸時，委座方理髮，稍待，以宋部長庚
日來電相示，乃美參謀長以聞國府有武力制裁共黨之消
息，而電英相詢也。委座口授要旨，命即擬覆電稿，記之
而歸。念中共無中生有，播造謠言，結果乃使盟邦出而相
詢，不勝慨憤之至。開始寫覆電，幾不能下筆。熊天翼將
軍來談卅分鐘。今日參事會談不及出席，乃請假焉。一時
午餐，餐畢小睡未熟。天熱頭痛，服藥亦不癒。三時卅分

後乃將電稿勉為寫成送核，於是頹然臥倒，只能休息矣。姚鐵心君來，祖望代見之。約自誠來，以印件交之，並核定日記印刷之件。六時委座約往談，溽暑中乃親改電稿，以授余。七時卅分歸，八時晚餐，以電稿交繕正發出。復處理四組文件九件，與芷町談大局，相對慨憤。十時洗澡，十一時就寢。

8月12日　星期四　晴　九十四度

七時起。盥洗畢後，小坐閱報，覺精神不舒，不能支坐，又與前三日發熱之情形相類似，乃決定休息一日，不作他事，然仍閱六組情報十五件，四組批表二十八件。向午金誦盤君來，為余測熱，為三十七度一，而脈膊僅六十四跳，誦盤以為異，詢為何症，曰無以名之，名之曰重慶熱耳，為處方而去。李唯果兄來談卅分鐘。午餐後小睡醒，閱陶樾之論文，作致公展函，又閱資生兄之著作。閱袁業裕君行的哲學近著，怪其如此著書，何乃吃力不討好耶。晚餐後情緒甚不快，芷町以九時許來，理呈件六件即去。天熱不能睡，十一時寢。

8月13日　星期五　晴　九十六度

七時五十分始起，猶覺頭腦暈重，殆由服安眠藥過量之故歟？委座命邀稚公去黃山，余今日實不能行動，乃囑實之代訪稚公，約之同往。實之歸言，稚公實不欲赴黃山，然山上又電話來催，乃再函商，卒得稚公許可，明

日上午與余同行上山。以積祚婚事近，今日下午遣車接
旦姨、允默與善卿姪女來渝寓，七時卅分始到也。余今
日仍休息，偃臥之時為多。上午閱六組呈件卅件，下午
閱雜誌論文三、四篇，夜處理四組呈件八件。洗澡畢，
十一時就寢。

8月14日　星期六　晴、熱甚　九十八度

七時五十分始起。致季陶先生一函，寄還六組參考
件八件。今日本室學術研究開始，余將去黃山，故未參
加。第一日先請盧于道講科學概論二小時，聞到者甚踴躍
云。十時陪稚公過江，到黃山，仍住雲峰，較山下略低
三、四度，然仍炎熱如炙也。陪稚公閒談，至午十二時。
餐畢小睡二小時餘起。研究國府組織法，以現行組織及
十七年訂定者檢呈委座，並研究外交件。傍晚委座來雲
峰，約稚公及余同出散步，到官邸晚餐。餐畢，談話至九
時歸。接電話兩次，十時卅分就寢。

8月15日　星期日　晴　九十九度

七時卅分起。昨夜入睡較遲，而今晨遂不能早醒，
亦因晨間涼爽宜睡故也。因念各機關公務員須準時到辦公
廳者，較之侍從室辛苦多矣。承委座之命擬覆邱吉爾電
（來電係十一日由加拿大發）稿，又請示關於訪英團人選
事。奉諭暫不必通知，稍緩再定。六組、四組均有公事送
來，酌為處理之。十一時王、孫、袁三編纂自重慶來，奉

委座命攜事略稿來閱。十二時與三君及稚公同至官邸午餐，餐畢談話一小時，委座對二十年事略稿稍加翻閱，仍命全部攜回。二時至三時半小睡甚酣。五時三君下山。傍晚七時晚餐。委座來雲峰一轉而去，意若有不豫色者。八時後與稚公納涼閒話。十一時寢。

8月16日　星期一　晴　九十九度

六時起。略進早餐，即隨稚公下山渡江。七時到軍委會，約盧滇生君來談。八時出席聯合紀念週，由金鎮作報告，題為考察土耳其之感想。總裁對禮節有所指示。八時三刻禮成，九時接開一一七次國防會常會。報告畢，孫院長對軍事外交有重要表示。討論提案十餘件，十二時完畢即歸。汗出如瀋。午餐前閱四組件五件，公私函札六緘。核六組發文，並閱批表三件。餐畢小睡起，熱甚，幾不能作事。閱外交電十九件，熊天翼君來談，約卅分鐘。五時到中央黨部，出席提案委員會，七時卅分畢。歸寓，疲甚未食飯。夜閱四組呈件十二件，與芷町略談，十一時卅分就寢。

8月17日　星期二　陰雨　八十四度

八時許始起。以昨日進食過多，且昨夜貪涼，故今日頭漲目眩，又有微熱之症象。九時卅分外部何鳳山司長來談情報司之工作，酬對約三刻鐘。十時後芷町來寓，談整理幣制計畫等各事及設計局之工作等。今日上午本定在

黃山舉行特別小組會議，嗣奉諭暫緩，展至下週舉行，故未往也。午餐後小睡約一小時餘，起後閱六組呈件若干件。原擬往訪季陶，以疲甚未果。就籐椅小憩，仍覺骨痛，蓋連日太勞苦用心之故也。夜處理四組件二、三件，與芷町略談。十時卅分寢。

8 月 18 日　星期三　晴　八十九度

八時起。睡眠已足，而精神仍不見佳。接俞秘書電話，傳委座諭示，囑將覆邱吉爾電之英文稿送閱，並更改數語，於上午十時送黃山呈閱焉。程滄波君來談，道藩擬上辭呈，並詢全會各事。又談監察院事，欲余一訪于院長於山洞寓所。十時卅分約乃建組長來談組務，對審核股之工作指示其進行要點，又告以星期一會議各種情形，俾作參考。十一時委座來電話，囑余下午攜約法全文及憲法草案往黃山。遂囑四弟搜集約法原文交繕，以備攜呈。十一時卅分亮疇先生來訪，談中國之命運與經濟學說之譯件。余以國府組織法事向之請教，彼之意向與稚公相同。十二時三刻始得午餐。餐畢小睡不熟，而身體又覺微熱，但仍不得不扶疾過江。誦古人犬馬餘生之語，真有無限之感慨焉。作函四緘，並閱六組件十餘件。四時偕省吾過江，五時十分始到達黃山，將約法等校閱後送呈之。傍晚覺頭痛骨酸，而眼枯作痛，陳醫官來診，則謂未發熱也。閱四組批表二十件，夜官邸演電影，余胸懷抑塞，無心往觀。自誠來談。十時卅分寢。

8月19日　星期四　晴　九十四度

　　昨晚睡至二時許忽然醒覺，似胃中空虛難受，起食白糖少許，四時後朦朧入睡，故今晨自八時許始起也。九時卅分委座約往談話，將提案委員會開會情形報告之。旋奉諭應預備對國民參政會關於國內政治問題之報告，此或以政治部之名義提出之亦可。談卅分鐘而退，將面諭要點略加研究後，對於搜集材料及協助撰寫，甚難其人，乃以電話約唐組長乃建來山共商。十一時五十分乃建來，午餐畢，與之討論，並將欲搜集之材料摘列一要目交乃建，分別向軍委會、中統局等處搜集之，定二十六日以前摘編竣事。二時十五分乃建別去，余小睡至四時起。簫生自誠送講稿來，一見輒為心煩。此時覺頭痛體熱，似又有日前發熱之症象，徬徨煩懣，甚為不寧。以艾登西藏問題節略送俞秘書保存。閱報後只能偃臥，讀教育部新編之初中國文一冊。傍晚甚熱，外出散步半小時歸，洗澡一次，亦未覺舒適也。夜再閱自誠所整理之講稿，要點複雜，含意不清，如此安得不啟外間叢雜凌亂之譏歟。疲甚，無力修改，置之。十時就寢。

8月20日　星期五　晴　九十六度

　　七時卅分起。閱報三份。修正蕭自誠所擬「黨政訓練班開學訓詞」一件，全文約九千字，其實冗長可刪之處正多也。核閱四組來件四件，又核准以夏祖良補第六組少校組員。為袁廣陞兄改母氏七十徵文啟。午餐後小睡一小

時餘起，注射Hombral 劑（十八日起凡三針）。作關於國府組織法之報告一件，呈委座後，忽覺心煩不安，收拾各件，於五時卅分動身下山。省吾同行，江水漲大，渡舟行甚緩，七時許始達美專街。夜盧于道君來談一小時許。洗澡畢，十一時寢。

8月21日　星期六　晴　九十六度

七時卅分起。處理四組件二件。八時季陶先生來訪，談國府組織法歷次修改之經過，與現行組織法之窒礙，並建議修正之點，滔滔陳述，不令他人插入一詞，以致余所欲請教於彼者，只能草草述之，而又不得解答，凡長談四小時而去。鐵城先生來訪，亦未晤也。午餐後移居於四號，稍覺清曠，然仍悶熱異常。小睡一小時許起，汗出如瀋。略閱文件，致屬生一函。傍晚甘自明君來訪，談孔、于爭執之應解決及國防會其他問題。約希聖來商文字。五時卅分芷町來。今日四組件特多，處理畢後，七時到吳秘書長家晚餐，到哲、亮、敬、翼、雪、自明等，交換關於全會議案之意見。十一時始散，歸寓洗澡後，即就寢。

8月22日　星期日　晴　九十八度

七時卅分起。閱報載吉斯卡島為美加盟軍克復矣。允默來四號視余，並談家事，約半小時去。今日為馬生積祚與王善卿姪女結婚之期，余特請假一天，因啟煦內侄在

昆明，允默等待代為女宅主持婚嫁事，故我寓中賓客來者
甚多也。閱第六組呈件兩疊後，寫報告三件：

（一）報告昨晨與季陶先生談話之情形；

（二）昨晚吳秘書長宅會談之梗概；

（三）關於奉命起草參政會報告事。

午餐後寫就送呈之。小睡未能入眠，以天時太熱
也。核閱希聖兄所摘中共高幹會（去年十一月至今年一月
舉行於延安者）概要，並中共原電文（係秦邦憲致董必武
者），共約六十頁，想見其內部鬥爭之劇。此會舉行於本
年一月，而近日延安復以總結論電達其在渝分子，殆其清
黨工作未畢歟？三時一刻到嘉陵賓館，四時為積祚主婚，
由佩箴先生證婚，約三十五分鐘禮成。與沈佐卿、李組
紳、李孤帆、謝衡牕諸同鄉略為週旋。後與孟海及德哥同
返。孟海來余處談一小時餘。七時閱四組呈件十一件，晚
餐後平遠組長來談軍事，其見解平實，有不可及處。十時
卅分洗澡就寢。

8月23日　星期一　晴、夜微有陣雨　九十七度

七時起。八時到軍委會參加紀念週，與力子、渭
南、李士珍諸君談話，今日紀念週由熊秘書長報告我國官
民在海外之工作及生活，歷時四十餘分鐘而畢。禮成後謁
委座報告數事，即與曹聖芬同車歸寓。九時卅分有空襲警
報，整理物件。九時五十分發緊急警報，敵機四十餘架入
市空附近，與我空軍在郊外空戰。事後聞擊毀其二架，小

龍坎等處被投彈。十一時二十分警報解除，與平遠、唯果
談戰局與外交。十二時卅分唯果去，乃進午餐。汪日章君
來訪。今日允默等決定回山洞，通知憐兒同行，為諸兒準
備學費等事畢，到四號小憩。閱陳伯達在解放日報上所著
「評中國之命運」一文，長約三萬言，任意詆毀，殊堪痛
憤。中共近月來竟直接攻擊委座，想見其企圖之惡劣矣。
下午致劉參事澤榮一函，彼明日動身返任。與允默等談家
事，五時以車送之回山洞，余則赴中央黨部開提案委員
會。以發言者甚多，歷二小時卅分始完畢。八時晚餐後
歸，閱六組批表十餘件。熊天翼君來，商設計局事，談二
小時許始去。開始核閱四組呈件凡十二件，費時一小時
餘，流汗不止。十一時卅分洗澡，一時始入睡。

8月24日　星期二　上午雨、下午晴　八十六度

七時卅分起。睡眠實未足也。清晨本有陽光，旋下
陣雨。八時許有空襲警報，未及一刻鐘即發緊急警報，九
時卅分解除。余甚覺疲倦，且手足有酸痛之感覺，起臥不
定者久之。希聖送來研究報告（一、中共問題；二、李維
諾夫之去職）二件，為核閱之。又核辦五組發文等六、七
件。午餐後小睡不足一小時。國府出納科長齊憲為攜許局
長函來訪，即作函覆之，為國府主席機密費之事也。積祚
夫婦來寓祭祀，留其晚飯後去。五時作報告一件，呈委
座。六時公展來談中央日報事。公弼來談全會事。七時卅
分晚餐畢，接手諭二件。八時卅分到中央黨部審查會報

告，九時歸。閱六組件五十餘件，處理四組件六件。十一
時洗澡就寢。

8月25日　星期三　上午雨、下午晴　八十四度

　　七時卅分起。今日氣候較涼，而余則常感煩熱不可
忍。減衣則又似甚涼，舌苔（根）膩積甚厚，疲倦而無力
作事。閱大公報載羅、邱六次會談共同聲明，將加強對日
作戰。此在中國國民當為興奮而感愧者。十時卅分天放兄
來談卅分鐘。十一事屬生來商談行政院各部會高級職員入
班訓練事，兼談他事，十二時去。午餐後小睡起，體力更
不濟。谷正鼎君來訪，強與酬對，長談一小時餘。知陝北
中共存心險惡，必將乘機搗亂矣。谷君去後，余乃覺真有
發熱之象，只能偃臥。至八時強起進食。閱六組件二十餘
件，四組呈件約十件。十時後精神稍佳，處理函件十件，
閱外交點二十五件。就寢當在十二時矣。

8月26日　星期四　上午雨、下午晴　八十二度

　　八時卅分始起，而腦力昏疲，至十時許始稍回復
也。亦知服安眠藥過久之不妥，然不服則睡不安，真無可
如何耳。服誦盤之中藥已三天，亦未見效。筋骨痠痛，似
有微熱，午後更甚。誦盤再來診，亦不能舉我之病因與病
名也，計此次之病自八月十日起，斷續而發者已半月之
上。現在全會將開，工作更忙，惟望其速就康復耳。自昨
日起服 EMBRTEX 四丸至五丸。詢誦盤謂，此藥可用，

至少可以維持精力也。今日上午作函札二緘，閱四組批表二十件，寫代電一件（為中央日報消息遲緩事），並與道藩通話。午餐時食麵包一個，殊無佳味，知胃呆已久矣。與四弟略談後，小睡約一小時餘，尚酣適。醒來閱六組呈件十九件，作簽呈三件，皆瑣事轉達，或請見、或請費之類而已。讀八月二日解放日報范文瀾之論文，此與陳伯達所作評「中國之命運」同為直接攻擊委員長之文字，共黨態度突變至此，顯欲獨立一幟，與本黨正式抗衡，此必有國際背景，不可謂與蘇日問題無關也。乃建來談卅分鐘，即赴聯席會報，留摘要一件，略閱之。約希聖來談。夜芷町來理文件五件。十一時寢。

8月27日　星期五　陰晴　七十六度

七時卅分起。今日上午中央舉行孔誕紀念後，接開臨時常會，余以小病未癒，未往出席。接委座手諭，對中央日報社論有所指示。函公展詳告之。十時滄波來談，意在探詢全會時人事有無變動，余慨然謂之曰：黨國艱危至矣，吾輩乃有暇關心於此等末節乎？自十一時後覺微熱不退，甚難支持，不得已簽呈委座請假五天。並函屬生兄代擬提案稿，並代理處務。午刻誦盤、季高兩君來診疾，為注射TONOPHOSPHAN針，並囑小心靜養。一時後小睡起，料理雜件五、六件，作函五緘，分告各方，並約希聖來談。五時一刻乘車回山寓，四弟同行，至中大下車。六時十分抵山寓。夜閒談片刻，十時卅分寢。

8月28日　星期六　上午雨、下午晴　七十二度

八時起。昨晚未服藥亦朦朧睡足七小時，但睡不酣而屢醒耳。明、樂等清晨赴校入學，余亦未覺也。閒居無事，閱章士釗邏輯指要三章。十一時後疲極而睡，約一小時乃醒。午餐時食雞汁一杯。午後又昏昏欲睡，然小睡中仍有極複雜疲勞之夢境，似在擬一提案，屢屢修改而不就。三時後不能再睡，外出散步，同此山巒竹樹，而主席已逝，似草木皆帶淒涼之色矣。過鄧秘書亞魂處小坐，慰其寂寥，談約一小時許。對其身世，不禁同情，與之偕謁主席之靈堂，行三鞠躬禮而退。夜疲甚無力，九時許即有睡意，仍不服安眠藥，不久亦入睡。

8月29日　星期日　陰、下午晴

昨晚睡眠極不佳，中宵醒來六、七次，一合眼則有夢，惝恍迷離，此境至為難受也。九時卅分始起。天時陰晴不定，時有陣雨，氣壓極低，濕度極高，於傴麻窒斯之患者甚不相宜。允默自二十六日患傷風，昨、今兩日亦咳嗽加劇，病榻相對，殊無好懷。余此次之病，其發也漸，自八月十日以後，始測知有微熱，然熱並不高；亦能勉強進食，而食無味；亦能勉強作事，而作事無力；亦能勉強酬對賓客，而久談即覺不可支。延醫診視服西藥無效，服中藥已五劑，亦未見有效。自審病因，當由年力漸衰，不勝暑熱，兼以時局日艱，憂思過甚，而各種文件之準備無可商榷，亦無襄助之人，故煩憂更不可止也。向午意極不

怡，出至舍後散步，到魚塘邊小坐，忽覺悲悵難抑，遂起行繞圈一週而歸，始覺胸懷稍紓。午餐後因少睡，更覺疲困。閱夏丏尊、葉紹鈞合著之文學書一種。四時何總長來老鷹岩閒遊，順道過訪，留談卅分鐘而去。與彼談後，乃覺憂思略減。平玖甥伉儷來省疾。傍晚無事，閱邏輯指要二章。文字雖雅，而近於艱晦矣。夜仍讀書一小時，與憐、曉談話。十時就寢。

8 月 30 日　星期一　晴

七時三刻起。昨晚睡足七小時以上，晨起自覺較舒爽多矣。然掌心微熱，及頭痛目眩之象，似仍未全癒。十時往訪顧孟餘君，談卅分鐘而歸。顧君將於下月攜眷出國也。國府職員張鳳韶君來談其今後之出處，託余為之別謀工作，漫應之而已。向午攜憐兒、曉兒出外散步，尋主席墓址，察視而歸。午餐後小睡至二時卅分起。讀閱邏輯指要兩章，覺甚有興味。午後漸熱，幸氣候尚乾燥。劉總司令經扶來電話，囑僕人以病辭之。夜與家人閒談。允默傷風稍瘥。十時服藥就寢。

8 月 31 日　星期二　晴

七時三刻起。作服 LUMINAL 二丸，晨起後意識朦朧者久之。作付細兒一函，後覺週身不舒，筋骨作痛，而頭痛亦不止。以測溫計試之，乃為卅七度二。此豈今日天氣變熱之故歟？不然，何以昨日覺甚舒爽，而今日又如此不

適歟？向午再試熱為三十七度。午餐後小睡約一小時許
起，只能偃臥，不能久坐。至四時再測熱，仍為三十六度
八，未復常溫也。傍晚洗澡後覺頭痛稍瘥，閱遂、遠兩人
文課。夜無事，與家人閒話。十時寢。

9月1日　星期二　陰、下午雨

　　七時三刻起。今日病狀與昨日相彷彿，舌苔厚膩，飲食少味，上、下午測熱均在三十七度二與三十六度九之間，且頭腦暈重，作事無精神，但有偃臥而已。以電話詢渝寓，知尚無新交下之件，乃決定再休養一日。楚傖來談，半小時餘而去。觀其灑落閑適之狀，甚羨之也。午後一時卅分小憩至三時起。覺雙目枯槁作痛，此近月常患之象，亦不明其原因。閱邏輯指要二章，今僅餘四章未讀矣。傍晚外出散步二十分鐘。夜又下雨。十一時寢。

9月2日　星期四　晴　八十五度

　　昨晚寫信一箋呈委座，用心稍久，雖服藥亦未能安睡。六時卅分起。盥洗畢，即乘車回渝銷假。八時抵渝寓，約實之來談。閱友人來函數緘。約希聖來談，預備文告等各事。十一時芷町來談數日來處理各務之情形。今日微熱仍不退，延王宇高君為診方。閱批表十九件，又閱憲政提案，仍不能用，為之奈何。正午誦盤來為余打針。午餐後小睡至二時卅分起。聞應生紹鈞在蓉以肺出血逝世，英年遽殞，良可悼惜。三時卅分到吳宅訪岳軍先生，彼方欲外出，僅談十五分鐘即歸。閱邵丹甫君之論文六篇，其學識尚佳，而文筆殊平凡，頗失所望也。致道藩兄一函，慰問其母之病。閱六組件二十餘件。傍晚吳秘書長來談卅一日官邸會商各問題之經過，凡一小時餘，聽之甚疲。旋屬生兄又來談一小時許。並處理四組呈件十餘件。夜芷町

留談一小時，對余多所慰勸。十二時寢。

9月3日　星期五　晴　八十二度

七時卅分起。整理物件，覆公展兄函一緘，寄還邵
丹甫君之文字，又覆泉兒一函，用航快寄出。料理各事
畢，並分致季陶、鐵城兩君各一函，論全會事。十時三刻
偕省吾渡江來黃山，十一時四十分到達。途中雖稍熱，而
清風吹袂，精神殊覺寬舒。昨晚奉召來山，聞訊後頗感繁
亂，今乃知余向來憚於行動，實為一種病態心理，在煩悶
之時，轉以行動為足以調節神經也。到雪樓山莊後，雪
艇已先在，與余略談病狀，彼不信有所謂CHUNGKING
FEVER，以謂當是瘧痡未盡耳。十二時卅分同謁委座，
論全會事及國民參政會應準備各事。偶及浙江某君不來出
席參會，委座斥此等黨員為自私，謂只知重視自身事業，
佼佼自好，亦私也。此語可知其對人事寄慨之深。二時談
話畢，雪艇即去，余回室小睡，至四時始起。自誠來談，
囑其編輯小冊。陳醫官來為余打針。與國華談紹鈞身後
事。閱今日各報論評。傍晚寫寄允默一函。委座來余室中
小坐，殷殷詢病狀，囑不可誤服藥而去。八時十五分到官
邸，侍委座晚餐。餐畢略談，九時歸室。閱中共之文件。
十時卅分服藥就寢。

9月4日　星期六　晴

七時卅分起。與國華、宏濤二君談話後，歸室內讀

前星期中央日報之社論，覺陶樾同志所撰之文亦清晰有理
致，但嫌筆力稍平弱耳。趙雨時之文筆力極勁健，而略嫌
雜亂，或其事繁不能細加斟酌之故也。全才實難，環顧熟
友中，罕能勝此任者。委座昨言，欲以希聖任之，在見解
深刻與學識之廣泛言，堪稱為適任之人，然報紙文字實亦
非其所長。擬稍暇先詢其意見，如其有意擔任，亦可解決
一件事也。委座此次對余病狀特表關切，囑令今日勿工
作，且訝余為何不驗血液，故今日特邀吳麟孫兄來山上，
為余驗血。結果並無瘧疾徵象，僅白血球略減而已。上午
測熱為三十六度四，下午二時及六時測之均為卅六度九。
除作事無力及眼枯骨痛外，他亦無所苦，真不知為何病
也。今日中午軍事會報，得閱軍令部劉次長關於軍事之報
告及委座之判斷，殊足裨益神智。會餐畢，邀天翼至余
室，坐談一小時而去。小睡約一小時，至四時起。六時委
座下山赴渝，命余且留止山中，休息一天，其體恤周至，
真令人感激無似矣。傍晚到汪山散步五十分鐘而歸。夜獨
居靜處，閱舊時文告。十一時就寢。

9月5日　星期日　晴　八十六度

七時五十分始起。測熱仍為三十六度八，上、下午
均然。今日起服吳醫之新藥，一日三次，係退熱之用，不
知其效果如何耳。午前修改憲法提案草稿一件，將前屆參
政會開會、閉會詞摘要一遍。又致翁詠霓兄一函，如此工
作，並不辛勞，而時畢亦覺疲倦。下午天氣燥熱，小睡未

熟，呼匠理髮後，擬準備決議案，乃僅寫四行，即心煩不能下筆矣。五時偕省吾過江歸渝寓。希聖、乃建先後來談。夜與芷町商文字，書要點與之，囑其準備代寫。食哈密瓜。十一時寢。

9月6日　星期一　陰晴　八十四度

七時十五分起。八時三刻到中央黨部，九時十一中全會舉行開幕式，總裁致訓，約四十分鐘，極簡明扼要。禮成後接開預備會，選出主席團，十時卅分完畢。與晉庸、志舟、墨三、崛奇、向華、辭修諸君寒暄後，約力子先生同歸美專寓談話。十一時卅分委座約往談，命重擬決議案，並補充指示，即交芷町辦理之。吳麟孫來，為我診疾，今日測熱乃為三十七度二，但下午二時降至三十六度八，喉頭紅腫充血，亦不明何故也。四時以後委座指示之手條絡繹而至。將報告三件呈閱，又處理六組件五件。六時後又續奉指示，到大會會場，與鐵公商延長會期，承其許可，乃歸。歸後約希聖來談，承允改造報告之件為我代勞，而芷町亦撰寫至九時始去，均可感也。夜唯果來談甚久。十一時就寢。

9月7日　星期一　陰雨　七十六度

七時十五分起。昨晚雖服藥足量，而睡眠不酣，緣心中有事，不能成眠，甫一合眼，即有繁複之夢境，今晨醒來甚感疲倦也。八時卅分公展來談約半小時。旋富陽董

希錦君來見，談十五分鐘。唐組長擬約其入六組工作，余覺其人頗平正，似亦可用。今日仍有熱度（約卅七度），且患頸項僂麻窒斯。上午擬修改決議文，而毫無氣力，勉強工作至午，一無所成。其間轉達命令及承轉全會文件三次，均為工作間斷之原因。午餐後陳醫官來診，余鬱怒煩躁，竟不可抑止，對之有粗率不耐之語，蓋病態也。服 Ipral 一丸半，思小憩以恢復精神，而竟不能合眼，強睡至二時卅分起。閱六組呈件數件畢，收斂心思，勉將決議文修改完竣，於五時交繕。委座手諭不斷交下凡四次，均係補充報告之內容者，一一送希聖酌之。六時卅分芷町來談，將憲法案及吸收外資案分別送出。八時委座宴各常務委員，余往作陪。到二十二人。八始卅分開始聚餐，九時卅分完畢。在官邸別室與季陶談憲法及國府組織法案。十時卅分歸，十一時卅分寢。

9月8日　星期三　陰　七十九度

七時卅分起。八時接委座電話，詢問昨日全會會議情形。九時十分到大會會場，出席主席團會議旁聽。今日初步討論修改國府組織法，聽稚、季、庸、敬諸君之意見。十時卅分到官邸，承交下決議文，命再修改，即出至會場，與鐵公談話，傳達委座之意旨。十一時歸，作函數緘，閱六組要件一件。午後測熱，仍為卅七度。小睡至三時許起。修改決議案文字，五時完稿。六時委座來美專街寓，對總報告指示應修改之點，即以電話約鐵公來，商定

推屬生執筆。夜九時屬生及鄒志奮來談。客去後，修正
自誠所記開會詞稿一件。今日事多，甚覺疲乏。十一時
寢。

9月9日　星期四　晴　八十度

七時十五分起。芷町昨晚修改報告稿至三時始畢，
而未及補結論。八時後為核閱修潤，有刪節處，亦略有補
充處，復補作後段，計全文凡五千餘言，至十二時卅分完
成，即交繕寫。緯國攜續改之決議案來訪，略談即去。余
至此疲極，頸項肩胛作痛殊甚，小睡後亦未癒。午後處理
急要公事數件。六時謁委座，交下報告稿，仍有若干處文
字修改，並命擬關於義大利投降事之談話，以艾森豪威爾
聲明中未提出中國也。八時到官邸晚餐，到軍事長官多
人，商討決議案文字。九時一刻戴、王（亮疇）、吳及雪
艇、國楨、屬生亦均來參加，各人發表意見，雪艇與庸之
發言最多，至十一時始略有結果，乃散。歸寓即就寢。

9月10日　星期五　陰、下午晴　七十九度

七時卅分起。以中共問題簡要報告一份寄吳秘書
長，又一份約曾處長虛白來寓面交之。旋奉委座諭，改決
議案，略加修正，另繕呈閱。又為中央日報編輯不當，
轉達手諭於中央宣傳部，悵念時事日艱，而人力不敷分
配，為之焦急無已。上午測熱為三十六度七，下午又增至
三十六度九，此小病甚難痊癒也。校改全會開會詞，交自

誠繕正，今晚發表之。午後五時到大會場，在主席團室與
哲生、敬之談話，以決議案稿面交吳秘書長。又與均默、
公展、蘭友商文字，知宣言需明日始可脫稿。七時歸寓，
以電話報告委座。夜與希聖商談宣傳事。芷町來，略談即
去。十時三刻睡。

9月11日　星期六　陰、下午晴　七十八度

七時五十分始起。今日睡眠充足，自覺精神漸佳，
殆注射已發生效果之故歟？測熱為三十六度七。九時委座
召往談話，對全會關於特種問題之應付，有極明智之指
示。以為盱衡世局，應使緬甸反攻以前，國際盟邦對我觀
聽無所淆惑。聞此指示後，日來所憂慮不解者渙然冰釋。
委座並對國府組織法等有所詢問與指示。歸寓後與希聖詳
談宣傳之準備。十二時忽接會場電話，謂某案將於下午付
討論，乃即往會場，向季陶、哲生、敬之、鐵城諸君傳述
委座上午之所言。不料季、哲兩公堅持發表決議案，余反
覆陳述，不得要領而歸。一時午餐，餐畢閱定六組擬辦件
一件。小睡至三時。季陶來談彼之注意點乃在國府委員之
人選，繚繞陳詞，復及他事，耐心聽之，不能作其他工
作。其間道藩兄又來訪，季陶談興更濃，將余之時間精力
全部耗盡，凡三小時半而去，余之熱度又高，精神又大疲
矣。芷町來小坐。至八時往謁委座，報告季陶之言及哲生
等主張。八時卅分舉行談話會於官邸，到五院院長及軍事
長官等共二十餘人。委座反覆指示，各人均有陳述。十一

時始散會歸寓，十二時寢。

9月12日　星期日　陰、下午晴　八十度

七時四十五分起。測熱為三十六度七，已復正常。八時卅分委座約談，示以處理中共問題之要旨。九時歸寓，即約蘭友兄來，將宣言初稿斟酌修改，逐段詳酌，至十二時許始完稿，即交謄繕。午餐後並另撰簡短之決議文，至此實疲勞已極矣。下午公祭林主席，遂亦未往參加。三時後測熱，忽又上升。五時三刻委座又約往談話，續又交下修改文字之件，余於歸途覺有寒熱，歸而測之，乃為三十八度。遂約芷町來寓，囑其代任修改文字之役。九時始略進晚餐。夜約吳麟孫來診視，彼亦並未有如何治療之方法。十時卅分作函呈委座，並選出修改之件。十一時卅分就寢。

9月13日　星期一　晴　八十二度

疲甚，八時始起。接委座電話，詢余熱度何如，即命往談。對今日大會之指示稿已改正，面囑此可應用，並先密譯發表。又交下文白所擬之決議稿，謂此可用。又命充實大會宣言之前段。歸即約唯果兄來，囑其將決議及總裁指示兩件譯成英文，因此未出席紀念週。又約蘭友來，共商宣言稿，僅將前段修正，而會場來電話，謂總裁命余參加主席團之會，因得備聽煥章、楚、右、孔、居、果、季諸人之意見。十時五十分參加第八次大會，強坐二十分

鐘，以畏風先歸。測熱為卅七度四，旋又測為卅七度一。覺胃腸極不舒。十二時十五分又往參加大會，對中共問題通過決議，一時到委座官邸午餐，鐵城、雪艇同餐，商國府委員人選事，飯後並談參政會之事，三時始歸。小睡不熟，頭昏而腦重，遂不參加大會及閉幕禮。五時開廣播音樂，以委座膺選主席，表示慶祝，何其多事歟。七時卅分勉進晚餐，道藩來，未晤。十時卅分寢。

大會補述（九月十四日晨七時卅分補記訖擲筆長歎）

此次召開十一次中央全會，所欲討論者，除經濟建設獎勵外資案以外，計預定者有：

（一）修改國府組織法案；

（二）選任國府主席案；

（三）確定（頒）制憲日期案。

在此大會之前，意大利投降，蘇境戰事順利，歐局好轉，而南太平洋之攻勢加強，在抗戰形勢上日趨光明而順利，乃因中國共產黨積數年來牽掣抗戰危害國家之陰謀，至本年七七起，更復揭露其倡亂禍國之面目。在延安誓眾厲兵，欲興內亂；對國外又多方散播謠言，中傷中央，冀以阻撓盟軍會攻緬甸，且妨礙四國會議之召集，故群情憤激，不能不有。

（四）中共禍國罪行之報告與決議。

此次大會，有遠道前來參加者，為龍志舟、傅宜生、馬少雲皆為第一次。原為一次盛會，然籌備倉促，諸

事不免有脫節之處。余適在病中，腦力勞疲異常，而委座對憲法案、國府組織法案均遲遲核定，至對於中共之報告及決議，亦再三修正。甫經核定，旋又重作。此八日間，除斟酌宣言而外，幾全為此兩事而忙碌、扶病工作，疲勞實不可言喻。幸芷町、希聖、唯果竭力幫忙，稍有分勞之人，然季陶屢來長談，耗余時間不少。且其主張常不免與委座相出入，而又不肯直言，卒以委座之裁斷，乃有昨日嚴正寬容之決議，今且視中共之反應何如耳。任何國家，當六年苦戰之餘，對內決無如此複雜難理者，亦決無中樞薄弱至此者。委座之辛勞，殆又十倍於余等而不止矣。

9月14日　星期二　晴　八十八度　中秋

　　早醒，六時五十分即起。今日全會已畢，轉感勞倦過於開會期間，殆為事後反應也。閱六組件數件及私人函札等件畢，九時三刻回山寓一行，到沙坪壩南開中學視細兒，約與俱歸。家中昨宰一雞，尚餘其半，以待九妹者，今日亦出以相餉焉。中午食月餅，並略飲酒。以渝中尚有事待理，小睡一小時許，即與默及鎧兒、細兒同歸。送細兒到學校後，又至紅十字醫院一轉，皋兒到門首來略談。到美專街寓已六時餘矣。健中來訪，適相左也。傍晚唯果來談。七時五十分官邸約遠道各將領賞月，余亦被指定作陪。以人多室擠，乃以病告辭焉。夜乃建來長談。十一時寢。

9 月 15 日　星期三　晴、夜下雨　八十六度

　　七時卅分起。昨晚雖服適量之藥片，而睡眠不佳，今晨又早醒，起床後復覺傷風加劇，以Vaporub 沖熱水吸入喉部，始覺稍鬆。吳麟孫醫官來診視，認為神經與呼吸器感冒並作，囑休息數日自癒。上午乃不作事，不會客，在寓讀貞觀政要二卷。午後小睡起，閱六組件若干件。咳嗽稍頻，以Codein 鎮之。盛晉庸督辦與其夫人邱毓芳來訪，偕允默出見之，談卅分鐘去。閱第四組批表二十件，核閱參政會開會詞要點（希聖所擬），簽呈請示。夜芷町來，處理四組公事十五件。十一時寢。

9 月 16 日　星期四　晴、下午陰　八十二度

　　八時起。閱中央日報今日評論，深覺其措詞不妥。詢公展，知為秋原所作，以電話糾正之。宣傳之事，本不易為，然公展此次親歷全會迭次會議，何以對中央之方針隔膜至此，而使秋原作此論文，則余之所大感不解者也。今日上午測熱已復正常，惟患便秘，而口澀無味，想腸胃有障礙也。道藩兄來訪，談兩小時許始去。此君富於感情，對公對私皆熱烈懇摯，又愛好之心太濃，而堅定沉著含蓄則其所短，尤其受不起挫折，所謂脆弱型之人物，乃藝術家之真面目也。此半年來，擔任宣傳，實非其長，今聞總裁有許其擺脫之意，故來詳談耳。十一時十五分滄波亦來談，無意與之酬應，少頃亦自去。午餐後小睡至二時卅分起，乃獲老友裴君由辛於本日十二時半病逝之耗

（以虛弱患腸胃疾洩瀉不止，於三日前就診於紅十字會醫
院）。約唐組長乃建來與祖望等共商裘君之後事。幸同鄉
會協助，得於晚八時成殮於浙江亭四明公所西舍。竺君聖
章親往料理，至晚乃歸。今日午後四時卅分奉委座召往謁
談卅分鐘，命研究中央機構之因革事，歸寓後丁儒鴻君來
辭行，略談而去。作私函三緘，閱六組批件，夜核閱希聖
所擬參政會開會詞稿，枯澀凌亂，幾不可用，不勝慨嘆。
十時寢。

9月17日　星期五　晴　八十五度

七時卅分起。盥洗畢，開始重寫參政會三屆二次大
會致詞稿。時迫事紛，幾不能詳加思索，但又不能不略加
組織，以期脈絡稍為分明。九時卅分雪艇來談參政會會前
應準備諸事，約五十分鐘。雪艇去後，亮疇先生又來訪，
談約二十五分鐘而去。今日四組新委司書周世勛到職。
十一時到官邸謁委座，十一時卅分始歸，乃得一意撰寫，
然腦筋實緊張疲乏不可名狀，延至四時始得勉強完稿，頹
然臥倒，乃無半點精力矣。公展來訪，不得不強起與談，
約卅分鐘。又閱六組批表三件、四組批表二十二件。傍晚
七時委座約往談話，交下改定之稿，命再整理之。夜發函
三緘，處理四組件七件。十一時寢。

9月18日　星期六　晴　八十九度

七時卅分起。校對開會詞清稿，交蕭秘書送呈，並

將摘要一份寄董副部長翻譯。八時卅分到軍委會，出席第三屆二次國民參政會開會式，由莫柳忱君主席，而委座則以國府主席之名義致詞。參政員代表褚慧僧君致答詞，十時卅分禮成。偕鐵城、雪艇謁委座，商主席團補選事。十一時歸寓，閱中央日報評論，意有所感，函公展商榷之。十二時卅分官邸舉行主任會報，蔚、果、雪、郜子、佩秋、乃建、令果、希聖、芷町出席，並會餐。餐畢，稍坐即歸。讀羅斯福致國會之咨文。小睡未熟，四時胡政之、范旭東兩君來訪。五時健中來長談，約一小時餘而去，蕭自誠陪陳炳山來見，委陳炳山為五組司書，掌管理小冊子事。晚餐後處理四組公文八件。九時往訪亮疇先生，十時歸。十一時寢。

9月19日　星期日　晴、下午鬱熱、傍晚有風　九十度

　　七時卅分起。上午測熱已復常溫，然此十餘日之緊張工作，乃反應為極度之疲勞，因之今天決定休息一日。十時往訪盛晉庸主席，談一小時許而歸。健中又來詳談中樞近況及如何提振黨員革命情緒之問題，至十二時乃去。午餐後小睡至二時醒。測熱乃為卅七度，如此微熱不退，甚不可解也。六組送來批表二十餘件，閱後歸還之。傍晚養甫兄及張向華長官來訪，談卅分鐘而去。夜核閱六組情報件約二十件，處理四組文件十件。與六弟談，十一時就寢。

9月20日　星期一　晴　八十六度

九時卅分始起。殆以昨晚安眠藥為久未服用之品，故效力較強，乃致遲起。以昨晚小雨，天氣略涼，然雨實未透也。今日未出席紀念週，聞中央常會中亦無特殊重要之議案。實之扶病前往列席，並繕報告，其勤勞負責可感也。上午處理雜件五、六件，閱貞觀政要一卷。十二時午餐後天氣又轉燥熱，室內流汗不止，戶外可知矣。第六組送來呈件兩夾，閱之費時二小時。唐組長乃建來談，今日委董希錦為六組秘書。朱經農教育長來探中央小學開學前準備各事。傍晚閱手令九件，李唯果兄來談訪英團事。七時卅分出席委座招待參政員之晚會，蔣夫人有演說，江庸答詞特長，散會已遲。歸閱四組件。一樵及謝冰心君來訪。十一時卅分就寢。

9月21日　星期二　晴　九十二度

九時起。今日天氣較昨更熱，幾與炎夏無異，余之精神體力不能抗此酷熱，遂覺竟日不舒。上午閱四組請示件三件，又閱外交電一百〇七件，蓋已旬餘未閱矣。午後小睡未成眠，梁均默兄來談宣傳問題。四時劉恢先主席來談福建省政府人事問題。傍晚蔣銘三兄來談豫、陝近狀及陝省黨政配合問題。今日下午參政會大會，何部長報告軍事後，董必武強詞狡辯，為李漢鳴、王普涵、王亞明君所面折，乃中途退席。七時卅分叔諒回來報告此事甚詳。九時處理四組件。李中襄君來談。十二時就寢。

9月22日　星期三　晴　九十三度

九時卅分起。盥洗甫畢，雪艇來詳談參政會各事。對於昨日下午軍事報告時所表現，以為本黨參政員應有此憤慨，然事前若有商洽配合，則情形或不相同云。又談訪英團事及半年內之大局瞻望，約一小時餘而去。余今日忽覺心煩而神疲，且四肢痠痛又作，遂登床小睡，至十二時半始起。接黃山電話，欲余上山。四時到碼頭，與雪艇同渡江，五時偕謁委座，談四十分鐘。對董必武退席事，委座不以為異。六時一刻雪艇去。七時委座約同出散步，談宣傳事。八時十五分到官邸晚餐。餐畢，委座有所指示。九時歸室，十一時寢。

9月23日　星期四　晴、熱甚　九十五度

八時卅分起。考慮憲政籌備會事，擬組織綱要七條，送呈親核。又以雪艇所擬之決議文字，酌加增改送閱。以鐵城先生來電，謂戴先生意，對中共問題如參政會有決議，應於剴切之中寓嚴正之意，故覺與雪艇原意頗有出入。黨內遇有兩種意見時，最難折衷至善，只有以總裁之意為主意，請總裁作最後裁決而已。昨日董必武退席一節，余以為事有必然，無可驚異，然在參政會方面意在斡旋，則亦情理之常。本黨自總理以來，政尚寬平，不絕人自新之路，苟利國家，決不出以意氣，此總裁之志也。午刻奉召至官邸午餐，乃命將決議文重擬，仍表示正大期待之意，而稍增補其內容。又略談應設置憲政籌備，經濟建

設策進及政治評議三機構。余對後者表示應慎重研究。餐畢退歸室內小憩，未成眠。天氣酷熱難忍過於炎夏。三時起，改撰決議文（又閱外交電及四組批表六件），至五時卅分繕呈。為糾正宣傳事發出四緘。偕省吾過江，至黃桷埡車胎損壞，停車配製，再行過江，時已暮靄四合矣。到領事巷訪力子先生，徵詢其擔任國民參政會秘書長之意見，承其允許，慰甚。七時五十分歸寓晚餐，與岳軍通長途電話，奉諭商人事。閱呈冷禦秋等報告二件，修改雪艇所擬對參會議講稿，十一時後始完。十二時就寢。

9月24日　星期五　晴　八十七度

昨晚至三時始入睡，八時五十分起。睡眠未足，而精神尚好，頗復自慰。今日起體溫恢復正常，蓋微熱四十餘日云。為中央日報事，約道藩兄於十時卅分來談，詳論中央日報社主持人選事。其間亮疇先生來，談國府組織法修改後中樞機構因革之研究，約二十分鐘。亮公去後，續與道藩談至十二時卅分始進午餐。餐畢略睡起，與六弟談宣傳事。五時雪艇來談，攜來講演材料補充之件，即為呈閱。旋閱六組件二十件，夜約希聖來談，作簽呈二件，處理四組件十件。十一時寢。

9月25日　星期六　晴　八十四度

九時起。道藩來談與健中兄接洽之經過，謂彼對中央日報事已有考慮之意。十時卅分健中來談，詢社內情形

及百川所以不能繼續之故，余以大義勸勉之，然彼仍無決心，談至中午始去。今日上午力子夫婦來訪，允默接待之，余僅略與寒暄而已。午餐後已一時，閱要件數則，略就午睡起而覺目痛。四時到參政會委座已先在，奉命接洽更正合眾社消息（為合眾電傳蒙巴頓防區包括泰越有誤）。四時卅分列席參政會，聽委座對內政外交之報告，殊見精要而無繁複之語。惟參政員四人發表意見，多無意義耳。六時歸，與天翼談二十分鐘。到官邸一轉，承命撰發新聞。夜處理四組件。發中央社稿。覆九如信。十一時就寢。

9 月 26 日　星期日　陰、下午雨　七十二度

八時三刻起。今日國民參政會開大會，討論議案，余本擬親往旁聽，以客來而止。胡健中兄再來談中央日報之問題，與之詳加計議，並允以全力相助，但彼乃陳明不敢擔任之原因三點，囑為轉陳，談至十二時後始去。午餐後續閱外交電多件，並與希聖談話，作籤呈三件。四時天放、景瑚兩兄來談，約卅分鐘去。天放係談政校新聞系訓練國際宣傳人才事。傍晚芩西兄來談。七時卅分與蔚文主任同宴盛晉庸君於堯廬。辭修、至柔、均默、厲生、力子諸君作陪。亮疇一到即退。十時卅分歸，處理四組各件。十一時寢。

9月27日　星期一　雨　六十八度

八時卅分起。九時與芷町同赴國府參加紀念週，鄭冰如報告敵國兵役現況。十時接國防會第一二〇次常會，中途以委座電約而退席。到官邸商訪英團事，並談宣傳事，又奉交糾正中央日報編輯不當之件，即至四組辦發之。回寓後閱報，旋接電話，參政會與糧食部徐部長有誤會。緣徐君答覆詢問件。有若干語句鋒稜太露，不無意氣，以致參政員群起不平，必欲其親自出席報告。余接徐君電話後，即至大會會場，與鐵、雪二人商量後，復至糧食部訪徐部長，勸其絕對忍耐。一時卅分始歸寓午餐。餐畢洽老來談一小時。旋與王、徐通電話。三小時後小憩至四時起。程滄波來談。五時出席參政會休會式。知徐部長已到會，口頭說明歉意，一場風波已平息矣。歸後閱六組件。八弟自昆明來。夜成舍我、張文白先後來談。自誠來談。十二時寢。

9月28日　星期二　雨　六十八度

九時起。近日陰雨，余之骨痛症又作，清晨醒來更甚，遂不能早起也。十時卅分往謁委座，報告參政會情形及接洽中央日報事之經過。委座之意，蓋已決定以健中為社長矣。十一時歸寓，與芷町商談處務，並處理四組件。午餐後小憩至三時卅分起。以電話約道藩來晤。袁同疇字梧江君來訪談卅分鐘而去。五時到亮疇先生處，與敬之、天翼、雪艇諸君商談國府組織法修正後有關各問題，均主

張不必多所更改，惟將軍委會組織法修正二條。七時回寓，道藩、滄波來訪。九時往官邸一轉歸，處理四組呈件。十時一刻健中來談，十二時去。遂寢。

9 月 29 日　星期三　雨　六十五度

八時卅分起。閱中央日報「新新疆之展望」一文，用意不惡，而措詞多有語病，蓋不明外交、國策運用之分際也。十時卅分王兆荃寄屏秘書來談。此君常為林主席寫訓詞，愛其為文穩愜而有條理，故約談而鼓勵之。旋滄波來談，十五分鐘而去。閱第六組批表呈件各一疊。今日天氣更涼，非加夾衣不可。十二時汪荻浪君來談，未暇與詳言，但囑其安心任事，彼欲請出國，告以非其時也。十二時到官邸，參加參事會議，到二十九人。與鐵城、騮先、力子、雪艇談話，二時卅分歸。唯果來談。小睡至三時卅分起。修改對督訓班人員講詞稿二篇。四時偕健中謁委座，決定以彼繼任中央日報社長，委座激勉有加，談二十分而退。至美專寓，約道藩來共黨內部人事佈置，六時始去。閱六組件卅餘件。夜處理四組件。十一時寢。

9 月 30 日　星期四　雨　六十四度

九時起。近日事務不多，而對於接洽準備之事項則甚繁，尤以宣傳方面新任未發表，舊任已決定離職，其重心幾集中於余之一身。此四、五日來談話見客人數較多，而時間較長，因之雖照常服藥，而睡眠殊不安穩，夢中又

常常複現極繁雜解決之文件，此乃心理不健康之徵兆。以此自驗精神抵抗力，誠覺日益衰退，年不如年矣。健中兄允任中央日報事，但要求有下列條件昨經面陳委座者，有下列數事：

　　（一）參加各種會報；
　　（二）評論中應代民眾立言，希望予以寬假，俾克盡善意批評；
　　（三）寬撥特別費；
　　（四）二、三月後回東南日報一次；
　　（五）交通工具給予便利；
　　（六）安設軍用電話等。

　　委座均命與余商辦。此事必將消耗余之時力不少也。十時蕭同茲君來，談中宣部副部長問題。午餐後約希聖來，商談中央日報評論部事。小睡至三時乃起。致公展一函，辦發關於四國宣言草案訓令外交部之件。閱六組件二十餘件。讀貞觀政要一卷，今日將此書讀完。傍晚接委座手諭二件：

　　（一）辦新建設雜誌；
　　（二）派員講文官制度。

　　夜與六弟談話。七時五十分芷町始來，今日未理公事。九時立夫來談一小時餘，述出行期中之見聞，多可憂念者。十一時卅分寢。

10月1日　星期五　晴　七十度

七時卅分起。天已晴霽，而道路泥濘殊甚。盥洗畢，與希聖、資生、祖望及四弟同至嘉廬，出席本室國民月會。余主席，並作講演。轉述委座在參政會外交報告之要點，並演述憲政實施後本黨之地位；復對同人之生活、工作及學術進修有所指示，講演約三刻鐘，聽眾略無倦意，堪自慰也。回寓閱今日之報紙，中央日報之論文終不及大公報，殊引為恥也。閱外交電數件，辦發代電及覆函三緘。又致力子一函，並閱六組呈件二十餘件。辟塵送來存單一紙，允默交余藏之。午刻接電話，委座命去黃山。午餐後小睡至二時卅分起。致百川、均默各一函，整理物件，又致王兆荃函，請其擇擬雙十節主席文告。四時動身渡江，五時到達。以顧祝同長官在謁談中，故余獨出散步。旋歸室讀書，八時到官邸晚餐。餐畢與委座談話一小時歸。十時卅分寢。

10月2日　星期六　晨大霧、晴　六十九度

八時五十分起。將委座昨諭國府委員名單及擬聘顧問名單（因國府新組織法規定後，委員名額應有調整，除五院正、副院長外，委座昨圈定十八人為委員）加以整理，並研究提會手續。十時十五分謁委座，談卅分鐘。商海外部、內政部等事。十一時自黃山動身，十二時抵渝，與君武、雪艇、鐵城等通電話。冠青來談。午餐後小憩至三時許起。今日四弟約張廷休、胡煥庸及教部友人敘餐，

余未參加。閱第六組呈件二疊、批件一疊，又四組請示之件一疊，作函數緘。四時往訪亮疇先生，商下週開國防會臨時會及國府顧問等件。出至中央黨部訪鐵城秘書長，談下星期一常會事及雙十節主席就職典禮等事。回寓後董顯光君來談新聞研究班事。晚餐後馬星野君來訪，談卅分鐘去。與芷町處理四組之呈件。十一時卅分寢。

10月3日　星期日　陰　七十度

八時起，允默今日去老鷹岩山寓，祖望、聖章同去，勘查修理小屋之事。余上午在寓未外出，研究雙十節國府主席就職典禮事。並紀錄昨日面諭之雙十節書告要點，摘錄古籍中可引用之語，以證我國民本思想肇源之古。寫成後，送王兆荃君參考。健中來談報事，至午飯後一時去。小睡醒後，閱六組件。三時到官邸，委座約談，商海外部、內政部事。出至中央黨部，與鐵城、楚傖、哲生、季陶談話。四時總裁在黨部約本黨參政員茶會，即席訓話畢，請在座者發表意見。褚慧僧、王普涵、孔庚、伍智梅均有所陳說。總裁作結論，指示之。六時卅分散會，與亮疇、自明、季陶、道藩略談歸。季陶來長談，九時始去。處理四組之件。自誠來。十一時寢。

10月4日　星期一　晴　七十一度

八時起。芷町已來，八時卅分往謁委座，承交下最後核定之國府委員名單，補充十八人，合全會選出之九人

共為二十七人。及中宣部、海外部人事更迭案。即至國府面交吳秘書長，提出中央常會。九時參加紀念週，何總長報告，十時禮成。與劉季生部長談話，又與熊秘書長及羅家倫君商西北考察團事。十一時回寓，發函二緘，指示中央日報之社評與校對事宜。閱六組批表四十餘件，極費力。又致健中一函。午餐後小睡至三時起。眼痛而神倦。四弟來談史學會事及雙十文告事，以雙十文告要點囑其撰擬。四時卅分盧作孚君來談航業界急待救濟之情形，約三刻鐘而去。祖望攜來積件一厚疊，有收文在二十日以前者，閱之甚為不怡，以其延擱太久也。分別處理，甚為費時。六時卅分到中央黨部，商雙十節主席就職之禮儀，並商定誓詞，八時始歸。覓省吾、子猷不得，大恚怒，形諸詞色。九時晚餐畢，往謁委座，談十分鐘歸。竊見委座今日神情甚為不怡，而外間猶欲盛張祝典，不勝慨然。歸與國楨、厲生諸兄通電話。十時後處理四組公事極繁複，服IPR 二丸半，十二時就寢。

10 月 5 日　星期二　晴、下午雨　六十八度

八時卅分起。接外交部送來雙十節約外賓茶會名單，即為核閱轉呈。又與厲生等通電話，商文官授勳事。十時卅分呂參軍長、田典禮局長來訪，送來雙十節茶會本國高級官吏名單，略為商定，於午餐後約李唯果兄來商定呈閱。今日上午力子先生來，接洽憲政籌備、經濟建設兩機構之事。午後三時注射Tone Phosphan 一針，自上月起

已注射卅針矣。今日起停止之。閱六組呈件若干件。道藩兄來談海外部事。屬生兄來談授勳事及行政院事。劉季生兄來談未晤。健中、開先來談東南緊急救濟費事。八時將四組件處理完畢，攜白虹、資生兩秘書往官邸，參加星二會餐。林參謀祥光講海軍戰術與新兵器。十時廿五分畢，歸與六、八弟談。十二時寢。

10月6日　星期三　雨、下午陰　六十九度

八時五十分起。浙皖贛邊戰事又劇，金、蘭敵有犯麗水之勢，遙念大兄近況，甚覺懸懸於心。十時往謁委座，詢明雙十節典禮及晚餐諸事，承指示而歸。通知參軍、文官處、外交部，又將授勳展緩事告屬生兄及各方。覆何總長函寄還文稿。十時卅分自明來談，亮疇先生不願任國府職務。滄波來談，勖其專心努力。以委座欲彼辭監院秘長也。核呈憲政實施籌備會及經濟建設策進會之組織大綱各一件，又送呈國府主席就任誓詞一件及答詞稿二件。如是碌碌直至一時始得午餐也。午睡甚倦，三時始醒。核定第二處上月開支冊。閱報及外電，約四弟來談雙十節文字。傍晚委座手諭詢陳德徵事，約道藩來談。又為美國援華會請廣播事，與顯光接洽並簽呈經過。處理四組件七件，作簽呈二件，一為仲公事，一為德徵事。與六弟談。十二時寢。

10月7日　星期四　陰　六十八度

八時卅分起。讀總理全集及民元以來文告，摘記要點。又閱委座歷年國慶日告國民書，以備撰寫國慶紀念詞之用。此次紀念詞託王兆荃秘書及四弟叔諒秘書各擬一篇，王稿太長，叔諒一稿亦不能簡暢，昨夜囑希聖補擬一稿，十一時後送來，閱之覺章法謹嚴，惟略須補充耳。午餐後小睡，以上午用腦久，未入眠，三時起。芷町來談四十分鐘，此後即專心改正稿件，但僅至第二段即已疲滯。晚餐後續撰，乃覺疑難更多，勉強續成，十時半完稿。十一時五十分寢。

10月8日　星期五　雨　六十七度

八時十五分起。昨晚接電話，委座囑陪同稚公與季陶去黃山，今日早晨乃準備一切。旋又接通知，謂天雨可不必來矣，以此知委座近日之事繁也。余此數日來大感疲勞，雜務太多，真以為苦。今日上午取昨晚寫就之文稿讀之，雖復空泛，尚成條貫，惜文字無氣力耳。閱四組件八件，辦理批件五件。午後小憩，蔣夢麟君來談一小時餘去。誦洪君勉所寄之文字。五時寒操來談。六時乃建來談第六組之組務等。以十月六日中共（新華日報）之「答覆與忠告」一文示之。芷町旋來談，匆匆即去。晚餐後寒操再來訪，欲六弟入中宣部，談一小時許去。八時卅分委座約往談，交下國慶紀念詞修改稿，命再整理，歸而研究，疲甚不能動筆。十一時寢。

10月9日　星期六　陰　六十八度

六時醒，即起。盥洗畢，研究國慶紀念詞稿，以昨日委座修改乃為更易次第，將後段移至第二段，文字組織與前所擬者不同，而承接之詞尤有不自然之痕跡，將使讀者不易獲得明晰之觀念，故不得不有所補充，以期神氣稍為充足，說理較為圓滿。經詳加思索後，就各段整理文字。八時著手，至十時卅分完畢。即交繕呈，未逾十一時也。杜月笙、章行嚴二君來談。行嚴詢我邏輯指要何如，余告以如此枯澀之科目，乃有如許豐富之材料，不僅為名學要籍，亦文學名著也。能讀者欣賞必深，惜普通人恐多不能讀。行嚴為之莞然。旋李幼椿君來談，多係私人起居之詞，略及憲政籌備會事，匆匆即去。十二時卅分至季陶先生處，攜委座核定之誓詞答詞與商，一時歸寓午餐。餐畢小睡至三時，呂參軍長來談。四時再整理紀念詞稿，以電話商定，五時再呈閱，六時後即奉發下，於是始定稿矣。力子、雪艇兩君來談憲政籌備會及經濟建設策進會之件。羅佩秋君來談第三處處務，晚餐後去。芷町來相與處理四組之呈件，約兩小時始完畢。傷風頗劇，十一時就寢。

10月10日　星期日　陰、夜大雨　六十八度

八時起。接委座電話，紀念詞中再加入一段，意在加重「守法紀乃能建民國」之語氣，不憚反覆丁寧，以告國民與官吏也。今日為國慶日，又為國府主席就職典禮，

陪都充滿愉快興奮之景象。念光陰迅速，忽忽三十二年。當武昌起義之時，余適在天鐸報，少年意氣凌厲，曾撰「談鄂」十篇，鼓吹革命。以此因緣，許身黨國，今建國之業未就，而余已年逾五十，居機要之職位，無絲毫之貢獻，不禁感慨繫之。程天放兄來談，卅分鐘去。九時三刻偕芷町、希聖赴國府參加典禮。首為慶祝國慶，繼行主席宣誓受印禮，旋由主席宣讀紀念詞，禮成攝影。參加典禮者三百餘人，極一時之盛。禮畢後，蒙藏代表入見。那威大使呈遞國書。印度專員晉見。余以十一時先回寓，次兒、三兒、五兒均放假回寓。午餐後小睡至三時起。傷風仍未癒。閱六組要件三件。四時國府茶會招待外交團，余未往觀禮。今日有三處親友婚禮，均未往參加，恐臨時有事交辦也。五時發中央社消息，並辦發致行政院、教育部、政治部之代電。八時偕芷町同往參加國府之慶祝晚餐會。孫院長領導同人舉杯祝賀，主席則簡單致詞。十時宴畢歸寓，與芷町、六弟等談話。十一時卅分寢。

10月11日　星期一　陰　六十八度

八時起。接委員長電話，囑將憲政實施籌備會規則提國防會本日常會，即往十七號訪亮疇先生商辦。九時出席紀念週，五院院長及國府委員行宣誓就職禮。禮畢謁委座略談，接開國防會一二一次常會。報告憲政籌備會時，略有討論，未決定。今日議案甚多（于先生久不到會，今日始出席，但未終會而去，知其情緒不佳也），至十二時

始畢。復與亮、雪二君略談後始歸寓午餐。午後小睡起，
閱六組呈件。林語堂君來談在美之見聞，主張中國應參予
盟國戰略會議，對西方人不可言禮讓，談一小時去。五時
謁委座，略談歸。韓主席楚篋偕薛農山來訪。晚餐後天翼
來談。陳延祚來見，與芷町處理四組公事，至十一時始
畢。十一時卅分寢。

10月12日　星期二　陰　六十八度

八時卅分起。李白虹秘書來談考核手令之進行事
項。閱六組呈表多件，改正中國工業合作協會訓詞一件。
昨日起精神大見疲乏，且骨痛不已，服鎮痛劑亦鮮效果，
只得停止工作。午餐後小睡起，核轉中比修約呈件一件，
又高級班名單亦呈核焉。健中來談一小時餘。旋鄒斅公處
長來談辦公廳近況。張謙、許念曾兩公使來辭行。客去後
趕辦關於憲政會簽呈一件。新聞檢查局送來新華日報社
評：「諾言之提出與其實際」一文。中共論鋒稍轉，而淆
惑之語仍多。六時卅分後處理四組呈件。八時參加主任會
餐（楚強、自誠同往），林參謀祥光作報告。十時歸，熊
天翼君來談久之。十一時卅分洗澡後就寢。

10月13日　星期三　陰雨　六十八度

八時卅分起。盥洗畢，略進早餐，即往堯廬，舉行
情報機關關甲種會報。到中、軍、研、外、技、令六單
位。楊樸園之報告甚有價值。恩曾未出席，由王思誠代

理。旋討論宣傳與情報業務之聯繫事項。十一時二十分散會，接委座電話，命將劉健羣轉介之黃居素派來之二人（後查明其名為馮鋼百、黎樹聲）監管，不許其出境，疑有敵諜嫌疑也。向午楊玉清君來談三民主義半月刊事及張懷九君事。午餐畢小憩，神思疲倦，筋骨疼痛，至四時許始醒，約健羣來談，旋約乃建來談，以馮、黎兩人之事交六組飭軍統局查明辦理。接手諭二則，為宣傳事。閱六組件卅件。夜處理四組文件。十一時卅分寢。

10 月 14 日　星期四　陰　六十八度

九時起。今日頗有歸山寓一省家人且小憩一、二日之意，然以近日宋外長歸來，恐此間有事待辦，故又中止。上午閱報並閱外交電若干件，甚覺記憶力及推理力日遜一日，蓋由來已久矣。決戰尚未開始，余身已不可用，念之至為悒悒。四弟來談久之，研究昨日交下之手諭二件，亦無適當之對案也。咳嗽不劇而久不癒，呼匠理髮。午餐畢小睡，又沉酣不能起。閱四組呈表四十九件，代批五件，擇二十七件先呈之。力子先生來談，六時卅分去。晚餐後芷町來，今日決心不閱公事，約唯果來閒談。十一時就寢。

10 月 15 日　星期五　晴　六十八度

八時卅五分起。近日貪睡特甚，然亦屢醒，不知是服安眠藥太多之故歟？（中央日報陶百川辭職照准，改任

胡健中為社長，明日接事。）閱本日中央日報之論評，覺其題材頗不妥，可之新舊交替之際，則人心必懈也。九時胡政之君來談新聞檢查事。十時朱經農君來談。十時卅分張道藩兄來談宣傳部與海外部之交接事。午餐後與希聖談中央日報評論方面之事。一時卅分小憩，至四時卅分始起。近日昏惰至此，蓋實疲勞過度矣。擬回山寓，以時遲未果。傍晚接允默函，夜無事與祖望、孟海等閒談。今日未閱四組件，但覺心不寧謐。十一時寢。

10月16日　星期六　陰　六十九度

八時卅分起。今日本室請徐培根君講演國防現勢，余以事未能出席往聽也。聞中央日報新舊交替之際，昨日情形甚為混亂，乃約健中兄來談，詢其詳情。彼腸疾未癒，但仍定今日去接收。今日中央日報社評不僅枯澀，簡直不通，嗣詢知為雨時所作。十時張伯苓君來談南開大學復興事，並遞節略一件，余以為呈請之時期未到，婉辭卻還之。教部秘書易價（已忘其字，二十年時舊同事也）來談，為西北師院遷校事也。蒙巴頓今日午到渝。午刻趙述庭君過談，午餐後小睡至三時餘起。近日昏惰，虛度時日，甚恨心力之不振也。六組送來關於陝省府參議會之查覆件，核閱之，甚為費力。閱四組呈件約十件。五時細兒自校歸，與之談話，甚為喜慰。謙父弟亦來晚餐。夜未作事，與芷町閒談一小時。閱雜誌一種。十一時寢。

10 月 17 日　星期日　陰　六十九度

　　八時卅分起。待中央日報不至，方以為異，九時六弟始自報社歸，謂昨夜凌亂匆促之至，編輯工作自問大不滿意，蓋社中俱易生手，昨日往接事時，主要之人員為社長胡健中兼總主筆，希聖任副總主筆，六弟訓念任總編輯，胡春冰任副總編輯，陳寶驊任經哩，總務部分由婁子匡君代理，社中固已渙散不堪，又均易新人，一切自感生疏。而編輯部中編輯組主幹鮑維翰君則矢言不敢負責，昨晚忙亂終夜，至七時許始上印云。及九時卅分報紙送來，閱之覺編排方面頗活潑充實，社論為希聖所撰，內容亦佳，為之心慰。今日上午無事，招細兒來談，授以蔣夫人所贈在國會之演講集一冊，命保存之。午餐後小睡，乃多夢而屢醒，蓋服藥不足之故也。天氣陰鬱，予心亦結悶不舒。此十日以來，始則傷風，繼以骨痛，而又常覺心跳，工作精神實提振不起。體力衰弱至此，遇事怕煩，亦怕動，長此以往，安能無忝職守乎。三時細兒回校，四時明兒來。處理公私函牘十五件，積事稍就清理，自誠來談。閱六組情報一批。晚餐時芷町來，與談處內同人之生活問題，合作社有加強之必要。旋處理四組件八件，閱李璜之論文及奸偽批評中央政況之報告。十二時寢。

10 月 18 日　星期一　陰　七十度

　　六時卅分醒，七時即起。閱外交電六十七件，六弟仍以八時卅分回來，澈夜不眠，如何可久。九時到國府參

加中央紀念週，段主任委員報告一年半之訓練狀況，十時禮成。約雪艇、力子到余處商談憲政實施協進會之組織規則及名單。十一時往謁委員長，適有外賓坐待，至十二時始入見，請示後回寓。十二時卅分午餐，餐畢小睡，至三時卅分起。抄發憲政會之規則及名單，代電亮疇秘書長發表，並函告參政會力子先生。閱六組呈件二疊，批印刷費一件，又處理四組件二件。今日委座上黃山，余久不回山寓，乃於五時動身回老鷹岩。夜讀書，十一時就寢。

10月19日　星期二　雨　六十四度　山中

九時卅分起。今日山中大雨，竟日不止，未能出外訪友，在寓閱吳達詮花溪閒筆續篇，論地方通常行政與戰時政治，多親歷有得之言。而其規定縣與鄉鎮權責劃分方案，尤為切中時弊，足為地方民眾造福不淺。余以為全國皆可仿行也。午餐後精神尚佳，不思午睡，整理篋中文件，發現自八月以後多未整理者。甚矣。此兩月餘之雜亂煩疲也。二時後仍小憩，至四時起。雨仍不止，極為悶損。夜與允默談家事及住居問題。十一時就寢。

10月20日　星期三　雨　六十六度

八時五十分起。接美專街電話。知委座約余及亮疇先生上山，乃匆匆盥洗，略進早膳，即回渝。十時一刻到達，閱四組呈件三件，又六組件二件、六組情報二疊，交乃建酌辦之。十一時過江，十一時五十分抵黃山謁委座，

交下英王九月廿三日來函及邱相十月二日來函各一件，囑與亮疇先生商酌作覆。退與亮公共閱之。午餐時蔚文、為章兩君來共餐，餐畢與亮公先擬英王函覆稿，三時始畢。小憩不能入睡。五時再往亮公處，共擬覆邱相之函。六時謁委座，以覆英王函呈核。八時卅分到官邸晚餐，以覆邱之函呈核，稍有指示改正。與蔚文、國楨通電話。九時卅分後就清稿再加研究，十一時卅分決定初稿。亮公留談一小時餘。一時就寢。

10 月 21 日　星期四　陰雨　六十四度

昨晚睡未熟，而晨醒極早，強睡至八時起。進早餐後，往山右草堂與亮公研究覆函稿。十時到官邸謁委座，尚未早餐，知近日劬瘁甚矣。十時卅分出見，報告數事後，即與亮公渡江返渝。得大哥逝世之耗（十九日上午一時十分逝世），不意大半生兄弟之緣從此竟無相見握手之期，悲痛無極。騮先、季陶、養甫、惠清、溯中、健中諸友。紛紛函唁或親臨致唁，尤增悽感也。致人倛等一電。午餐後小睡至二時卅分起。健中來談中央日報社評事。與均默通電話，為明日社評事也。健羣來談，約半小時。何總長送來蒙巴頓在渝會談經過之新聞一則，為斟酌刪潤之。其間滄波、惟果來談約一小時。傍晚亮疇先生攜來覆函稿，謂已與蔣夫人商定，可以照此定稿矣。夜覆黃主席季寬一電，又覆函謝季陶。八時一刻將新聞發寄中央社後，處理四組呈件五件。十一時卅分寢。

10月22日　星期五　陰雨　六十四度

　　晨六時即醒，不能入睡，悼念大兄，悲悵萬狀。憶自髫齡受業，以迄於出外就學，乃至成人，以後作人作事，罔不沐大哥之教誨。余一生得小有成就，而免於過失者，罔非大哥之所賜。抗戰既起，兩地分隔，兄之念我尤甚於我之念兄，今乃永訣，不可復見。從此以後，我家更無長上，能關切余之辛勞，而被以溫煦之愛者。而余體力之衰，負荷之重，又與日俱增，輾轉思念，實引起無盡之悲懷。蓋今日之悽涼寂寞，為十年來所僅歷之境矣。七時卅分起，雖勉強作事，而悲思屢起，不能自抑，迄臨睡時猶悒悒在念也。九時林祥光參謀來談蒙巴頓訪渝之經過。十時驪先特來慰候。旋羅佩秋兄來談第三處事。十時卅分季陶過談，追述大兄之生平，相對默然久之。季陶談至十二時始去。午餐後續得諸友慰唁之函電六、七緘。一時覺疲甚，小睡夢還杭州寓邸，見家人多人，蓋積思所致也。閱六組呈件十餘件，又批表數件。四時卅分往范莊，應孔先生約談。對國家總動員會議事及文官長事與鹽價調整事，均有所商談。辭歸時已六時後矣。晚餐後電燈昏暗，倍感寂寥。約芷町來談，並處理四組公事十六件。致大侄等電，指示喪事。十二時寢。

10月23日　星期六　陰雨　六十三度

　　今晨八時卅十分始醒，復睡至九時五十分起。蓋近日骨節酸痛，殊不勝陰濕氣候之壓迫也。委座對中央日

報、掃蕩報又有詳細指示，分別函達之。午前閱外交電一部分，餘時閱報。今日仍以大哥之喪惘惘於懷，作事殊不能專心。午餐後小睡，又至三時始起。核付第二處印件之款。四時鐵城先生來談黨部事及宣傳部事。客去後，閱六組呈件十餘件。天翼來談。旋約同茲來談，與商出國事，並囑整頓社務。夜惟果來談。閱四組批表並處理呈件。十一時卅分寢。

10 月 24 日　星期日　雨　六十四度

八時卅分起。十時往謁委座，承對大兄之喪面致慰唁。余報告孔先生日前所談各節，並請簽發致英王及邱相兩函。旋委座閱報，見今日中央日報之社論，論麥紐遜移民法案，大為不滿，命交涉停止對外發電，並查明執筆之人。退而詢問六弟，乃知此文為健中所作。未及旬日又肇此事，今後中央日報必又將受盡責難矣。十時卅分往訪董副部長顯光，略談即歸。擬覓梁部長商量，適不在家。委座意欲使中央日報另作一文補救之，余以為甚難也。十二時舉行參事會報，到訪英團各員及張伯苓、于、居、孫、孔等二十一人。餐畢與梁部長同謁委座，報告今日之文係健中所作。委座不勝慨嘆。二時回寓，即約健中來談。旋又約希聖來，共同會商。四時六弟起床，亦加入商量，至五時而散。未及午睡，委頓之至。夜閱六組、四組各件。至十二時始寢。

10月25日　星期一　雨　六十三度

九時起。今日身體不舒，未能參加紀念週，而國防會一二二次常會亦請假不出席焉。致丁鼎丞先生函，祝其七十大壽辰（明日為其生日），並送去委座所贈之壽軸。十時蔣夢麟先生來談太平洋學會事及中國紅十字會事。閱外交電數件。午後小睡，骨痛殊甚，且略有心跳，神經不寧，三時卅分始起。閱六組呈件三十餘件，明日主任會報照常舉行，函約何淬廉來講英美之工業。晚餐後雨更大，天氣陰寒潮濕，甚不可耐。自誠來談，核閱四組呈件十六件畢，與六弟、望弟略談，十二時寢。

10月26日　星期二　陰　六十三度

早晨疲甚，不欲起床，睡至九時五十分始起。辦發新聞檢查局代電一件。委座意對各報標題亦應注意檢查，此殊不易辦到也。今日上午精神較昨略佳。處理私函數緘。發電謝黃主席等，以大哥昨已安厝於雲和西南鄉之瓦窯山也。閱黨務、團務計劃數件。午餐後小睡，夢見大哥，積思所致歟？與雪艇主任通電話。實之秘書來談，其病已漸癒矣，仍囑其安心靜養，勿遽恢復全日之工作。七時芷町來，處理四組呈件七件。電燈時時中斷，甚費目力。八時偕屬生、孟海出席主任會報，今日范予遂、宣鐵吾、程思遠亦參加，何廉講美國之工業。十時偕屬生同歸寓，雜談近事，多可憂者。一時始寢。

10 月 27 日　星期三　陰晴　六十五度

　　令晨又遲延至十時許始起。近來真委靡不振之至矣。上午閱公私函札十餘緘，辦發私函三緘。顧孟餘先生來談，定旬日內攜眷赴美，並論國際局勢，約一小時而去。午餐後小睡，睡前閱畢松所著一文「聯合國戰爭中中國之任務」，此文乃九月以前所撰，登載於美國觀察雜誌者。內容詆詞中國，多摭拾共黨所發之中傷之詞。其最荒謬者為：國民黨軍隊每年使日方傷兵的平均數（以六十六個月計）為三五四、九三五人，而八路軍（以五十八個月計算）及新四軍（以四十八個月計算）每年綜合平均數為一一三、三三八人，就最近年比較（三十年七月至卅一年六月），其實際數字為國民黨創敵一八二、〇九四，八路及新四軍為一三〇、〇一〇人。易言之，國民黨軍隊約佔每年殺敵總傷亡數百分之七十六，而卅年至卅一年間則減少為百分之五十八。但八路軍及新四軍則自總數百分之二十四，增加到三十年至卅一年的百分之四十二云云。此言完全虛偽，而乃廣為宣傳，非再予駁斥不可也。三時卅分小睡起，天氣略霽，而予心之陰鬱如故，此完全為生理影響心理。蓋近日腦疲而骨痛不已也。端木鑄秋來談國家總動員會議事，此為不得解決之一難題，談一小時許而去。閱六組批表及情報八件（其中有延安解放日報之論文多篇，直至九月二十六日仍謾罵侮辱無休止。其評十一中全會及參政會者，亦飽含挑撥之成分，而九一八特輯尤為荒謬，此輩真不講人性者也）。接岳軍電，黃天民病危，

通知其家屬。六時卅分得傅大使電，知四國宣言已商定待
簽字，即呈委座。旋得電話指示，即授傅大使全權代表國
府簽字，並告英、美、蘇此間之使館。晚餐後約吳次長來
面告之。並即覆傅一電。其時電燈昏暗，芷町來談，語多
激越，竊怪其神態失常何以至此。核閱第四組呈件十餘
件，後與望弟、四弟略談。十一時寢。

10月28日　星期四　晴　六十六度

八時卅分起。昨晚睡最酣適，今晨精神較爽，可見
安眠藥必須服足量也。閱各報論評，大公報今日記中野正
剛自殺之一文甚有力量。處理關於公務之函札十餘緘。午
餐後乃建來談國際局勢之觀察及本室區黨部事，一時卅分
始去。小睡至三時起。鄭震宇署長來談一小時（關於外人
取得地權之限制及地政署明年工作之進行）。四時力子先
生來談黨派問題。吳德生來談憲政協進會問題。健中、希
聖來商中央日報各事。健中心力太銳，而對中樞情形尚不
免隔膜，彼欲添設副刊，余以為可緩也。下午接傅大使
電，知四國協定宣言略有修改，然已成議。未即送委座閱
覽，先送外交部整理之。閱其條文，知蘇聯仍欲保持其獨
自行動之自由。九時後處理四組文件。十一時閱外交電。
十二時卅分寢。

10月29日　星期五　晴　六十七度

九時許起。昨晚睡眠較遜。九時卅分吳次長送來四

國宣言條文對照表。經整理後頗見清晰。以美國原案、英國修正案及莫斯科會議決定案，各為一欄，其中若干電碼錯誤，共同研究之。吳次長去後，筆錄一份，即送黃山呈閱。旋得傅大使感電，催詢可否授權簽字，即覆一特急電，告以廿七日已有訓電矣。文白、天翼約談，以事冗未往。午餐前核閱五組件九件。午餐時與四弟談話，勸其節勞作事，不宜太求周全以自苦。小睡至二時三刻起。續接傅大使二十七日電告四國宣言之全文，校對後以繕正譯文併送呈閱。四時約希聖來，交與一份，俾其先研究之，以作寫社論之準備也。事畢，忽動歸省家人之意。五時動身回老鷹岩，與允默等商移居問題，因山洞房屋撥歸陸大也。十時卅分寢。

10月30日　星期六　陰晴　六十八度

九時卅分始起。昨晚雖服藥而不甚有效，睡眠時間不充分，故又晏起也。作函數緘，謝諸友慰唁大兄之喪。十時三刻往訪丁鼎丞先生，補祝其七十大慶，並暢談一小時而歸。往社外散步，移時午餐後巡視舍後新補之屋。山洞雙河樹建築將移讓陸軍大學，則我寓亦將遷移矣。經營累年，甫可棲息，又須變動，不免悵戀，允默等尤悒悒也。小睡至三時許起。與默等略談後而歸。四時三刻到渝寓。一日休假，似頗有效果。惟今晨吳秘書長約集之會未得參加為歉也。閱六組批表、呈件二十餘件。蕭自誠秘書來談。晚餐後閱四組批表二十八件，處理呈件六件。與芷

町、六弟談話。十二時卅分寢。

10月31日　星期日　晴　六十八度

　　八時起。九時到中央圖書館，參加由辛老友之公祭。先在蔣館長慰堂處小坐，得閱宋本珍籍兩種。十時公祭，參加者驤先、力子、公展及本室同人共百餘人。余報告事略，不勝感慨。會畢與曼罣兄同歸美專街，商大兄行述事。李唯果兄來談訪英國事。今日敵方廣播，日偽於卅日在南京訂立同盟條約五條及附屬議定書，洵屬無聊，亦堪髮指。午餐後小睡起。約希聖、訓念來談宣傳事。四時卅分往訪亮疇先生，商詢對日偽條約事之宣傳方針。六時卅分往謁委座，報告各事，見其神色略見勞瘁，係近日見客太多故也。夜核簽國防會關於生活補助費之件，處理四組件十餘件，閱六組批表迄，十二時寢。

11月1日　星期一　晴　六十九度

七時一刻起。準備講演材料。八時到堯廬舉行本室國民月會。余主席，並講演國內外大事（闡明日汪訂立同盟條約之意義及蘇京三國會議之成就，對國內則就國府主席就任及憲政協進會成立之二事釋其意義），並對同人有所勗勉，約五十分鐘畢。九時出席國府紀念週，聽許代委員長報告本年度賑濟工作之經過。十時禮成，偕丁鼎丞先生入謁委座。十時卅分歸寓，閱六組呈件十餘件。接陳子貲電商大兄行述，覆請轉告孟侄起草，越園先生改定之。與叔諒談家事。芷町、國華同來談，國華將往受訓，或有出國研究之望，余甚惜其將離職也。午餐後小睡不酣，二時三刻起，頗覺頭腦昏悶不舒。三時惟果來談。三時卅分到十七號王宅談話。與亮疇、寒操、國楨三君商對於日汪條約宣傳事。四時卅分往訪子文外長，談一小時餘，至六時歸寓。委座約往談，以Hearn轉來羅斯福三電交余，口授大意，命擬覆電，並囑亮公譯英文。又詢今日孔庸之先生就任財長十週紀念狀況。七時歸寓，意緒恍惚，神志不寧。想下午談話太久，抑睡眠不足歟。七時十五分晚餐畢，知四國莫京宣言已簽訂，明晨可發表，函約梁均默部長商發表形式，乃竟未來。約蕭同茲來談，以所得修正稿示之。十時處理四組文件畢，續接傅大使卅一日電告宣言全文，核對後送呈之。此時忽發生中央日報社論與短評問題，希聖原撰社論，似不可用，十一時三刻後為代撰一篇。一時卅分始畢，二時寢，三時入睡。

11月2日　星期二　晴　七十度

六時卅刻起。準備覆羅斯福總統密電稿，八時卅分往訪亮疇先生，請其翻譯英文。譯就後再斟酌中文稿字句，使其合符。九時卅分到官邸，以電稿交俞秘書面呈。十時到中山室舉行本室區黨部執行委員會議，羅佩秋未到，由楊錦昱代，聽取報告八件，決議二件。十一時散會歸，惟果來談訪英國事。午餐後小睡至三時起。閱六組呈件二十餘件。四時約希聖來談。並往謁委座請示外交件。五時梁均默來談約一小時，商定宣傳要點。六時芷町來。八時到官邸會餐。到宣傳方面人員七人。委座對近日中央日報有稱許之詞。十時歸，處理四組件，十二時歸。

11月3日　星期三　晴　七十四度

八時起。九時往訪季陶於陶園，適慧僧、凌雲二人在座，談未及二十分鐘，委座約往，命擬電稿，致羅、邱、史表欣賀。並囑與亮疇先生斟酌。出仍至陶園，與季陶談。彼與余討論體制，所見亦自有過人者。十一時歸，起草電稿一件（致英美者加致謝赫爾、艾登之語），持往十七號，與亮公商酌，承彼指正二處，即為改易字句親送委座核定後，攜歸繕發之。午餐後小睡至二時三刻起。閱六組呈件四十件，小組會紀錄四件。四時到曾家岩與陳公洽先生相遇於途，同至官邸，開特別小組會議，約一小時半而畢。歸寓後道藩來談海外部事。今日發鄭鍾毓特別費五千元。七時到文白家晚餐，到青年團同志多人。九時卅

分歸,處理四組件,與希聖談甚久。十二時卅分寢。

11月4日　星期四　晴　七十五度

八時起。九時宋部長來訪,談外交部長及其他,約卅分鐘別去。十時朱經農教育長來談中大事,報告校內近況,有甚可令人失望者,談約一小時半始去。審閱董副部長送來之電稿,美聯社新聞電,殊病其繁冗,至午仍未閱畢。午餐後小睡至三時起。劉季生君來談海外部事,並述其個人工作之志趣。旋開先、滄波及馮有真三君來談。有真新自屯溪歸來也。傍晚力子夫婦來訪。旋惟果來談。晚餐後閱六組呈件。健中來商社務,希聖、訓念亦參加,十一時始散。與岳軍長途電話談卅分鐘。今日整日為會客談話而忙。十二時卅分寢。

11月5日　星期五　雨　七十二度

八時一刻起。九時卅分委員長約談話,奉核定賀蘇聯國慶之電文,並囑傳話與干秘書長。出至國府訪魏文官長,請其明日代表主席致祭張仲仁先生。又與呂參軍長略談而歸。閱今日各報,鄂西戰事激烈,掃蕩報有文論戰事氣勢甚狀,不知係何人之手筆也。午餐後略睡起。宋先生贈藥丸六盒。閱六組情報多件。核定本處上月雜用費報銷冊。匯寄雲和甬同鄉會捐款一萬三千元。又辦理訓練班代電一件。四時卅分荷君兄攜其子伯訏來訪。六時往訪亮疇先生,談外交及中國之命運譯述事。亮公今日談話頗多。

六時卅分歸，乃建來談。八時到官邸晚餐。雪艇亦同來共餐，侍委座談卅分鐘歸。惟果伉儷來訪。處理四組文件畢，十二時寢。

11月6日　星期六　雨　六十七度

八時卅分起。昨晚睡眠不暢，中宵屢醒，或所服之安眠劑效力減少之故歟？上午精神散漫，不能伏案工作，取馬湛翁爾雅台答問續編讀之，至十一時心緒稍覺寧定。閱外交電二十一件。午餐後小睡亦不酣。三時起後，與四弟談話，促其準備搜集關於憲政問題之材料。辦發關於宣傳之件三件，處理五組件，作私函數緘，簽請補派區黨部執行委員。為中央日報修改明日社論一篇。傍晚閱六組呈件二十八件。晚餐後處理四組呈件十件。接羅霞天兄電，為大哥喪事。十時可亭來談。十二時就寢。

11月7日　星期日　雨　六十六度

九時許始起。今日為星期日，此在余往往為比較煩悶之一天，以本室無例假，而戚友多乘休沐之日來相存問，實則我等一樣有工作而無暇接待也。起床後閱報一小時。德哥、益元來訪，余方料理積件，僅略與周旋，心甚不安。旋天放兄來談政校事甚久。於是上午遂匆匆過去矣。午餐後小睡未熟，精神不佳，僅閱六組呈件、批表二十餘件，而已疲乏不堪。心緒尤散亂，亦不自知其何故。皋兒去時以西藥六瓶附之。六時卅分驪先來談，今日

為工鑛學校黨部獻九鼎，總裁卻之，以為非其時，亦不當於禮也。八時到官邸陪亮公晚餐，談外交。處理四組件。與望弟談。十二時就寢。

11月8日　星期一　雨　六十二度

九時起。不及參加紀念週。九時卅分到國府，十時出席國防最高委員會第一百二十三次常會。孫委員報告中美關係應乘此竭力促進，各委員均陸續發言，有所說明。討論議案十件。十一時三刻散會，十二時往官邸陪顧孟餘先生午餐，顧夫人亦同來。蔣夫人微疾未出見。委座與顧君詳談考察中美經濟合作之要點，垂囑甚詳，二時卅分始辭出。三時午睡，四時始醒。五時賀貴嚴市長來訪，談卅分鐘而去。閱六組呈件三疊，夜處理四組呈件。讀美國外交政策，又讀李印泉先生詩，忘夜之深。一時後始寢。

11月9日　星期二　雨　五十八度

十時起。昨夜看書太久，入睡太遲，此宜改之也。李惟果君攜致英王及英相英文函稿二件來談，亮疇先生用字之矜審，推敲之周詳，甚可佩服。為對照漢文稿而酌改之。十一時滄波來談宣傳部事，所言極有見地，態度亦佳。觀彼近來似有進步矣。上午接見此二君後，即至午刻。雖非閒談送日，然不免曠廢時間矣。午後小睡至三時卅分起。料理各方函件若干件，閱第六組呈表等二十九件。蕭生自誠來談今日見客之情形。七時起處理四組呈件

約十件，甚見匆促。八時到官邸參加主任會餐，芷町、
宗濂同住，由仲肇湘君講清代人事行政制度，極清晰有
條理，此才可愛。十時完畢歸寓，與芷町、六弟談。
十二時寢。

11月10日　星期三　晴　五十八度

　　九時十五分始起。審閱叔諒所摘編之材料，擬為委
座起草出席憲政協進會之講詞，但心思特為散亂，不能凝
聚，頗覺此講稿事先預備之不易，以為不如隨便講述然後
記載之為便利也。道藩兄來談，打斷一小時。上午遂未呈
一字。午餐後小睡起，時有雜務，至傍晚仍未屬稿。晚餐
時芷町來，閱六組呈件若干件，又處理四組批表及明日呈
件共卅餘件。事畢，為中央日報準備評論綱要，以希聖事
假，滄波一文不能用，囑健中寫之。十時三刻後草草寫
四百字，未完，擬明日續之。十二時寢。

11月11日　星期四　陰雨　五十八度

　　八時卅分起。起草憲政實施協進會開會詞，十一時
寫畢，全文約二千言。十二時委員長約往談話，遂攜以呈
核焉。委員長正在與亮疇先生商談覆邱相電，談十五分鐘
後，約亮公至美專街寓起草覆電。亮公寫畢後，即在我寓
午餐。餐畢略談而去。閱定關於生活補助費案之簽呈。三
時古秘書將覆電繕就，四時攜呈親核而後歸。今日細、
憐、明、樂諸兒均歸來，明日為國父誕辰也。閱六組呈件

二疊。夜核閱第四組呈件十餘件。唯果來談,良久而去。
與諸兒閒談,至十二時寢。

11月12日　星期五　陰　六十度

九時三刻始起,遂不克參加誕辰典禮矣。十時卅分
與自誠同赴軍委會,晤舊友多人。十一時憲政實施協進會
舉行成立會,首攝影,次會長致詞,次張厲生、王雲五兩
君報告,十二時一刻散會,聚餐。餐畢,與張君勱、張志
讓、蕭公權諸君談話。二時開會,孫院長主席,討論提案
八件,至五時完畢。與傅孟真、黃右昌兩君同車歸校,發
開會詞稿。徐伯訏君來談,介紹其入黨。又六弟囑填表介
紹成舍我入黨。接允默來函,夜核閱六組件四疊、四組件
九件,核定自然科學社祝電。至十一時卅分寢。

11月13日　星期六　陰　六十二度

九時卅分始起,仍極勉強。昨晚多夢,夢見黎叔,
與之驩晤於教育部,醒時猶憶之也。閱書報及外交電等
件。十一時亮疇先生來訪,以雪艇所擬對四國會議之節略
面交之。十二時往謁委座,報告與亮疇先生接洽各事。今
日舉行黨政會報,到十八人(請假者十人以上)。委座有
外賓,故改在堯廬舉行。余等先會餐,餐畢,委座蒞臨,
對黨務、國務有深切之指示。大旨以長此鬆懈、欺騙、敷
衍,引為甚大殷憂,勖大家篤實努力。二時卅分歸,午睡
至四時餘起。盧作孚餽柚子十枚。五時後閱六組件卅餘

件。自誠今日來談，始知與曹生聖芬衝突，余殊愧感化之
無方也。八時謁委座。九時訪孔先生。十時歸，理四組
件。十二時卅分寢。

11月14日　星期日　陰　六十二度

　　八時卅分起。九時往訪亮疇先生，談外交方面應預
備之事，約一小時。旋即至官邸，以委座赴中訓團參加紀
念週未回，故退至俞秘書處，先與宏濤談話，繼與國華談
話久之。十一時委座歸，乃往入謁，報告昨晚與孔先生商
量之概略，並有所請示。出與陳組長希曾略談歸。午餐後
小睡起，接叔受侄來函，告大哥逝後之景況，讀之不勝愴
念。與九妹及兩女談話，四時命車送之回校。傍晚乃建來
談甚久。夜讀書。芷町來談，改社論一段，交六弟帶去。
十二時寢。

11月15日　星期一　陰晴　六十二度

　　八時起。研究外交文件後，於九時到國府參加聯合
紀念週。翁部長報告後方經濟建設，簡要有條理，約五十
分鐘完畢。禮成後，往訪亮疇先生，有所商談。旋即往城
內參事室，與郭參事斌佳晤談，並與雪艇主任略談而歸。
希曾送來外幣款二紙，即分送亮疇與斌佳焉。希曾今日赴
印，聞顯光及朱世明君均同行也。十二時到官邸，參加參
事會談，並謔別訪英團諸人。與政之、雪艇、詠霓等分別
談話。一時卅分會餐，二時卅分以事先退。因委座有事交

辦，故至四組一轉，於平遠組長來談，三時卅分歸，小睡半小時。草擬外交文件一件，處理公私函件十八緘。五時再訪亮公。六時後閱呈中美經濟金融合作之件。九時謁委座，十時與季陶同歸。對外交文件（準備與三國交換意見者）再加斟酌修改。季陶並留談至十一時卅分去。修改褒崇林故主席令，並校閱繕正之件。一時十分就寢。

11 月 16 日　星期二　陰雨　六十度

九時起。十時李仲公君來談，對於禁煙委員會改制之必要與收復地區禁政推行之辦法。十一時王亮疇先生來談，交換文件，並交下意見書一件，囑為清繕。旋郭斌佳君來訪，以昨晚修正之件（今晨奉核定）交其翻譯。旋康兆民君來談青年團事，其觀察與余終有若干之距離，談四十分鐘始去。唯果來，亦未及與談也。再研究褒崇令，覺文字中尚有不妥之處，再為修改後送文官處。午後小睡，至三時許起。閱六組情報件二十餘件。讀今日各報之討論，竟無佳者。與四弟談家事及大哥身後事。傍晚聖芬來，以事未接見。八時到官邸會餐，希聖、孟海同去。九時畢，到蔚文處坐談久之。十二時寢。

11 月 17 日　星期三　雨　五十七度

八時五十分起。昨睡屢醒，今晨略感疲倦。閱本日各報林主席奉安之社論，大公報一文前段頗佳。十時囑叔諒、子猷搜集參考材料，十時卅分往謁委員長，呈「論語

時訓」、「花溪閒筆續編」二書。十一時到雙河橋寓中午
餐。十二時卅分參加林故主席移靈典禮，到者二百餘人，
禮成執紼，扶櫬至墓地，二時正奉安訖，行告靈禮。時大
雨淋漓，參與者衣履均濕。三時後偕允默由山寓動身歸
渝。四時到達美專街。六時亮疇先生來談，七時去。晚餐
後約國華來談，以搜集之參考件交之。旋閱四組呈件十餘
件。又閱六組批表卅餘件。李唯果兄來辭行，託攜致少川
大使一函。十一時卅分寢。

11月18日　星期四　雨　五十一度

八時起。往謁委員長，奉諭示出發期內應注意各事
項。退至侍衛長室，與濟時、國華兩君談話，至九時卅分
先辭歸。彼等今日均隨往前方，余為保持機密，亦不往送
於機場矣。十一時武漢日報社長宋漱石君來訪，詢其能否
來中央參加新聞界工作，彼謂武漢日報同人全賴感情艱苦
維繫，不能脫身也。午餐後小睡至三時卅分起。閱六組情
報件卅餘件，外交電三十餘件。胡健中君來談，一小時而
去。夜與希聖等談話，並處理四組公事。今夜寒甚，十一
時卅分寢。

11月19日　星期五　陰　五十度

九時五十分始起。閱六組情報件及地方廣播與參考
消息多件。與四弟等談家務。今日事稍閒，意興轉趨懶散
矣。午餐後小睡，不料一睡乃至四時卅分後始起，想由服

安眠藥太久之故（今午與金誦盤、吳麟孫二醫亦曾談及此
意），然睡起以後精神殊充足也。張孟聞君來見，談科學
社刊物之維持辦法及收購科學書籍（舊書）之意見。胡秘
書孟華、沈參事宗濂、李秘書白虹來見，對考察手令事指
示原則數點。唐組長乃建來談，面洽公事四件。夜處理第
四組呈件十餘件。十二時寢。

11 月 20 日　星期六　稍霽、下午陰　五十一度

九時起。蕭秘書自誠來談。今日遣曹聖芬等出發至
恩施，與第三組同人同往也。李立侯君來談新聞檢查所事
及贛省黨政情形，甚久而去。午刻顧季高次長來談，攜來
安定法幣平抑物價之意見書一件，謂研究甚久，自信可
行，囑為轉呈委座。然內容似尚多可商處也。今日中午食
魚生火鍋，以菊花瓣摻和之，甚鮮美。午後小睡，以寒
甚，至四時起。項定榮君來談，願出國考察。五時卅分道
藩來談文化運動及海外宣傳事。夜與芷町研究顧君之意見
書，並處理四組呈件十一件。十二時寢。

11 月 21 日　星期日　晴　五十四度

九時卅分起。盥洗甫畢而滄波即來，余本擬改正大
哥事略之材料，實無意與談，然彼久坐不去，只得直告以
有事。旋孟海來，即草草付之，處理六組呈件三疊，凡
四十餘件。又閱定五組發文等十餘件及區黨部文件。十二
時郭洽周（斌龢）來訪，浙大中國文學系教授，余所介紹

入黨者也，與談浙大情形及思想與時代社之社務。今午四
弟宴客，余未參與。午餐時皋兒來。餐畢閱敵方廣播及參
考消息。二時後略倦，小睡一小時餘起。余井塘次長偕郭
任遠君來談。任遠留美兩年，頗多軼聞。徐可亭君來談糧
食部困難情形。晚餐後望弟來談。九時後處理四組之呈
件。與四弟談話。十二時寢。

11 月 22 日　星期一　晴　五十四度

九時起。九時卅分往國府，十時出席國防會第
一二四次常會。孫院長主席，討論例案十四件，十一時卅
分完畢。與鐵城先生略談後歸寓。閱本日各報及外交電
等。午餐後請吳醫注射Er 藥針。小睡多離奇之夢，三時
三刻始醒。近來腦筋之疲煩甚矣。沈成章秘書長來訪，談
總動員會議事。王芸生君來訪，談大公報事，並對加緊中
蘇關係有所建議，談約一小時而去。七時外部吳次長來
談。夜與芷町處理四組呈件十六件，又閱六組件卅餘件。
洗澡，十二時寢。

11 月 23 日　星期二　陰晴　五十二度

八時三刻起。本擬出席憲政小組協進會第一小組
會，以時間關係未往。侍從室六組今日召集兩調統局及憲
警負責人員會談，以注意要點函唐組長轉告之。滬市黨部
書記長葛克信同志來談，約四十分鐘。葛君去後，閱廣播
及參考消息等件。午餐後小睡至三時許起。致中央通訊社

函，請鄭重發表盟邦領袖會晤之消息。四時陳寶麟君來，談浙江政治及社會狀況約一小時。倪文亞君來，談視察豫、皖、陝之見聞。唐組長來，談上午會議情形等。閱六組情報件，並處理私人函件十二件。處理四組呈件。與允默談家事。十二時寢。

11月24日　星期三　陰晴　五十六度

九時三刻始起。朱經農教育長來談，四弟、祖望代見之。余近日又畏煩，只得酌謝賓客也。閱各報及參考消息等件，中央日報之社評雖較前略充實，而筆調枯澀，不甚有精采，蓋希聖疲勞太過矣。十二時到中央黨部，與鐵城、文白、書貽、驪先、道藩、寒操、君武諸兄會餐，商談本黨及三民主義青年團如何振作精神，提高同志情緒，以領導社會。蓋十三日總裁指示，語極切至而沉痛，故鐵公約集諸人會談。席間文白發言最多，亦最激昂，以為提高工作情緒，宜改善政治環境，養成明是非、信賞罰之風氣，否則庸愚蔽賢，諸事坐誤，社會怨咨，而意志亦歸消沉，將何由振勵同志，轉移風氣。余以其言雖正，而見理未真，即席諷諫之。謂我輩且從盡其在我做起，不宜諉責於政治環境。故治本雖貴乎直言補闕，而治標亦宜有辦法也。驪、鐵、道藩、書貽等相繼發言，決定另擇日期，再充分檢討辦法。二時卅分歸，疲甚小睡，四時後始起。天色已昏暗矣。中央社送來華盛頓專電，囑其不可發表。熊天翼君來談，一小時許而去。夜理六組件一疊，又處理四

組呈件十二件。閱參事室送來吉塞普「美國及其未來」一
文。改訂大哥行狀。十二時寢。

11月25日　星期四　雨　五十五度

九時三刻起。將美軍總部轉來Agra之來電囑機要室
譯出，知為國華兄十八日所發，報告是晚安抵阿城之消
息。然此間接到時已在二十三日下午，二十四日始由外事
局送來矣。閱各報及參考消息，常德激戰，我軍抗禦極堅
強，敵續向贛、鄂增援，而中太平洋之戰事亦漸展開矣。
處理積件三件，午餐後請熊醫官來打針。小睡至三時起。
發楊玉清君信，為三民主義週刊事。又核定六組留存情報
宣傳聯繫之件。晚餐時芷町來，夜改定中央日報論移民律
文，費一小時餘。處理四組呈件。讀雜誌。十二時寢。

11月26日　星期五　晴　五十七度

九時起。外事局又送來一電，未能譯出，即退還
之。今日稍暖，呼匠理髮。核定本區黨部考核辦法一件，
作私函數緘，閱外交電二十一件。午餐時約兒、辟塵、昌
扈等來寓，餐畢約昌扈談話，特別慰勉之。三時戴君季陶
等為伯兄在中央圖書館舉行公祭，余二時卅分到館，各界
輓祭者三百人，浙同鄉會理監事又特別致祭。哀輓件頗有
佳音，大哥為不朽矣。四時卅分歸寓。今日余精神較佳，
閱六組件兩厚疊，亦不覺甚倦也。夜與諸弟談話。九時後
再閱外交電。又詳閱徐佛觀君之報告書，對中共情形論述

極詳。此人識解不凡。十二時寢。

11 月 27 日　星期六　陰雨　五十六度

九時三刻起。核定區黨部黨員考核辦法一件，送還唐總幹事。十時三刻張參事子縷來談。子縷去後，閱本日之參考消息及廣播件。午餐後又小睡一小時餘。近來嗜睡極矣。再閱徐佛觀君之報告，詳瞻警闢，目光四矚，軍人能有如此之政治識解，我輩真應愧煞。閱六組情報件卅餘件。三民主義周刊社青雲梯、胡希汾兩同志來談，約一小時去。對本刊宗旨，為詳論之。六時王芃生君來長談，自其身世談到工作志趣，又談國際大勢及反攻中應注意事項，多深思有得之言。留廣烈文頌九篇，囑為轉呈。七時三刻晚餐。夜處理四組件八件畢，閱外交電十一件類歸之。又閱小說一種。一時卅分寢。

11 月 28 日　星期日　陰雨　五十四度

十時始起。以昨晚入睡太遲也。選外交電重要者送周組員宏濤，備呈閱。以徐佛觀報告送還六組，擬嘉獎之。又將中央社所接之外電及特派員電交繕待呈。午餐後吳醫來為我打針。小睡僅三刻鐘即起。閱六組呈件十五件，處理公私函件十件。今日星期決休息一天。五兒、六兒在家，與之談話。三時後力子伉儷來訪，余與允默及諸兒出見，烹茶話舊，恍如在南京時也。夜閱徐訏所著之小說。芷町來，略談即去。十一時寢。

11月29日　星期一　陰、下午霽　五十六度

　　晨起又是九時三刻。昨夜雖入睡在十二時以前，然今晨醒時已在八時以後，不想起床，故紀念週仍未出席也。午前整理外電，準備於委座到時呈閱。又料理諸事，然心力不能集中，僅閱報及參考消息，敵人廣播而已。午餐後本不思睡，以略疲，仍合眼三刻許起。而整理櫥篋，亦費一小時。傍晚張文白兄來談，約一小時去。又接見賓客二人，閱六組情報件二十餘件，處理四組呈四件。今日頗擬研究基本問題，但僅想得端緒。實之來談中央常會事，饋以藥針。夜閱讀雜誌。九時卅分芷町來，處理四組件十餘件。宋部長子文來，談卅分鐘。發諸姪函。十二時寢。

11月30日　星期二　陰　五十六度

　　九時起。盥洗畢，發私函四緘。近日半休半作，較之十月間為閒適多矣。研究王芃生君昨日留下之件，覺有未盡切合實際者。向午約希聖來談，又送交周宏濤待呈之外交電報件。午餐後小睡至二時一刻起。聞機聲，以為國華等歸來（十八日出國），繼知為陳武官平階回渝也。四時蕭化之兄來談一小時。旋唐乃建組長陪徐佛觀參謀來談。六時李俠盧來談福建省黨部事。閱第六組呈件十五件，今日為最少矣。晚餐時毓麟、孟海兩兄來談。夜處理四組件五件。均默來談。十二時寢。

12月1日　星期三　陰　五十七度

　　七時四十分起。原擬出席國民月會，聞委座已自北
非歸來，乃即至機場迎迓。過歌樂山時，相遇於途，乃折
回。到寓整理文件後，即至官邸晉謁，報告此十餘日來之
中樞要事。委座並以在開羅晤羅總統、邱首相之情形諭示
大旨，並告宣傳方面應準備諸點。退出後，晤亮疇先生，
談二十分鐘，知彼等以二十一日抵開羅，是日邱相亦到，
次日羅總統繼至，雙方軍事幕僚到者甚多，二十三日以後
開軍事會談兩次，委座與邱單獨談話四次，與羅傾談六、
七次，結果均甚圓滿云。十一時歸寓，國華來談途中及旅
中情形，與吳次長、梁部長電商發表消息事，結果決定今
日不發表。午餐後打針。一時後小睡至三時起。閱外交電
及參考消息等件。駐美副武官蕭勃信如來談，攜來高宗武
函一件。旋吳文藻君伉儷來訪，吳君方自青海考察而歸
也。客去後，閱第六組呈件卅餘件。今日下午精神殊愉
適，天氣亦較暖矣。接泉兒來函，知其出國求學之意頗
濃。夜處理四組文件十餘件。與希聖等談話。十一時寢。

12月2日　星期四　陰　五十八度

　　八時四十分起。閱報及參考消息畢，即向俞秘書
調取宣傳要點來閱（二十八日由開羅所發電但今日尚未
到），旋亮公及顯光來訪，得讀開羅會議公報之英文全
文。並約吳次長國楨來，同商發表方式與時期。顯光以為
可先發，亮公主慎重稍待。嗣決定先擬我國官方感想稿，

由國楨起草，余潤色之。又擬委員長赴開羅出席會議之新
聞稿，由余起草，亮疇、國楨兩君參加意見而修正之。
十二時繕寫完畢，攜呈委員長核閱，並請示應發表否，委
員長以為開羅無正式來電，仍應稍待。一時午餐畢，小睡
一小時餘。亮公送來三國會議公報之譯文，約略修改之。
三時卅分委員長將各件發下。四時卅分接吳次長電話，美
國白宮已定一日發表，由魏大使來電告知，但未見公報之
正式全文。旋由董副部長告知，華盛頓來電稱，白宮正式
放行公報之發表，其時在格林威治時間昨晚時十一時半
（重慶時間今晨六時半），於是以電話請示委座決定將所
有消息均於今晚發表。並約滄波來寓，商定宣傳要點，而
發出之。八時偕亮公同應委座之約，赴官邸晚餐。事前與
芷町商洽，代批第四組公事八件，以委座明日不閱普通公
事也。八時三刻餐畢，偕亮公同訪蔣夫人於其樓上之養病
室，蔣夫人告余等以在埃京與邱吉爾談話之經過，妙語解
頤，殊佩其辯才無兩。談至九時四十分辭出，往訪國華而
歸。為中央日報改撰評論畢。十二時寢。

12月3日　星期五　陰雨　五十二度

九時起。閱今日各報，已將三國會議之詳請披露
矣。美國輿論尤熱烈，關於英美蘇會議亦已透露鱗爪。各
報評論仍以大公報為最充實，掃蕩報之文亦佳，蔣夢麟君
來談太平洋學會及紅十字會事。又閱參考消息及敵方廣播
等件。午餐後小睡起，精神寬懈，不能緊張作事。同鄉馮

宗蕚君來訪，家騏之子，今任職中央秘書處，大舅父家
之世好也。五時蔡同瑜鳳孫來談久之。孟海來談組織部
各事，謂驪先問我對部務有何感想，具以所見告之。晚
餐時王新命君來談，即留與共餐。餐畢與談中央日報各
事，彼已允任主筆矣。今晚電燈甚暗，作事極不方便，
十時卅分後始稍明。閱六組呈件兩疊，處理四組件十
件，十二時就寢。

12 月 4 日　星期六　晴　五十三度

　　八時三刻起。九時卅分馬元放君來訪，被覊於寧偽
者將三年，於三日前始脫險來渝也。十一時徐子為君（現
在錢新之先生處任事）來訪，攜來陳陶遺君一短簡，徐君
今秋在滬時面交攜回者。甚感老友千里相念之意。上午閱
書報及參考消息，未作他事。午餐後打針小睡，至二時卅
分起。亮疇先生來訪，攜來代委座所擬致羅、邱、埃及王
后、蒙巴頓、愛森豪威、駐埃英使、美使、英中東部長加
賽等各電，校讀後攜呈委座。值午睡，五時再往，即奉核
正數語，仍至亮公家，請其修改英文稿。六時卅分與亮公
攜稿同往官邸，見夫人，以夫人目疾未癒，亮公一一朗
讀。夫人對其中四電頗斟酌字句。七時半修改完畢，乃攜
回交繕，於晚十時卅分分別送發之。處理四組文件。十二
時寢。

12月5日　星期日　陰　五十三度

九時起。滄波來談，一小時許而去。十一時郭斌佳君來談。皋兒以休沐歸家。馮甥子將來謁，言威博全眷內移，不日可至矣。午餐後小睡二時卅分起。到曾家岩謁蔣太夫人之位前行禮。今日為太夫人八十冥壽。又往視緯國病，值其入睡，未與之談。委員長今日去黃山，為母氏設奠，傍晚始回。余往訪蔚文主任，談開羅會議經過及湘鄂戰局。歸，繕發顧大使兩電。自誠來談。夜與希聖談。處理四組件。十一時寢。

12月6日　星期一　晴　五十二度

八時卅分起。盥洗畢，略進早餐，即赴軍委會參加中央紀念周及肇和起義紀念典禮。由葉楚傖先生作報告，提出五點，勗勉同人，繼續為完成革命而奮鬥。總裁亦簡單致詞，追述舊事，甚饒興味。十時十分接開國防會第一二五次常會，通過議案十餘件，十一時十分完畢。歸寓後閱報及參考消息。張明鎬君自成都來，略與敘談。午餐後小睡至二時卅分起。閱六組呈件二疊，又讀雜誌論文四篇。晚餐後王新命君來談，勸其就中央日報事。電燈昏暗，處理四組件甚費力。十一時寢。

12月7日　星期二　晴　五十度

八時十五分起。閱各報社論，中央日報以德黑蘭會議為題，大公、掃蕩兩報論太平洋戰爭兩週年。掃蕩報一

文殊活潑有致。今日天氣晴朗，向午較暖，然僅料理積件
二事，工作上無多大成就也。午餐後打針，小睡至四時始
起。昨日起有傷風之象，用藥遏止之。四時往中央訓練委
員會，商高級班學員甄選事。到東原、書貽、厲生、郘
子、佩秋等五人，會商至六時半始散。閱六組批表一疊、
呈件二疊。毓麟來談甚久。夜處理四組件，閱外交部代擬
太平洋週年祝電七件。十一時卅分寢。

12月8日　星期三　陰　五十三度

九時卅分起。英美蘇三國德黑蘭會議公報今日發
表，觀其內容，似側重於軍事及巴爾幹方面，而於歐洲政
治問題則尚未商得一致也。讀各報評論，均不甚精采。作
函數緘。四弟攜函件一疊來談，為翻譯哲學名著及思想與
時代社請款，哲學編譯委員會請增加每月一萬元，思想與
時代月刊社請增加每月一萬五千元。午餐後小睡沉酣，直
至三時卅分起。近日頹唐懶散之至，殊自疚也。閱六組件
十餘件，又閱黨部文件二件。晚餐後傷風頗劇，咳嗽不
止。接王雪艇來電。又接岳軍電，介紹劉自乾。處理四組
呈件十餘件。十一時卅分寢。

12月9日　星期四　晴　五十七度

八時十五分起。九時卅分接蔚文主任電話，知常德
已被我軍克復，即通知宣傳部馬處長，囑各報可發號外。
十一時委員長約往談學生從軍運動，宜發表一書告鼓勵

之。並面示辦法原則，由林主任與軍政部妥商。歸寓後搜
集各種材料。十二時午餐畢，小睡至二時起。委員長兩
次來電話，告常德之捷。三時卅分蔣經國君來談，二十
分鐘而去。中央社唐際清同志來訪。閱六組情報兩疊。
五時卅分往訪蔚文談卅分鐘。夜處理四組件。實之來
談。十一時寢。

12月10日　星期五　陰、下午晴　五十七度

九時始起。近來總不能早起，而實際醒時甚早，只
是矇矓疲倦，不想起床耳。閱報及參考消息後，並閱特別
參考消息數則。十時卅分陳紀瀅君來談，於尋常訪候之中
似有與本黨接近之意，當徐徐察之。十一時養甫兄來訪，
談交通部工作之艱難，然其毅力過人，殊可佩也。午餐後
打針，小睡中多複雜之夢，睡不甚熟。近數日來神經似有
緊張不寧之象，亦不知何日而起也。二時十五分起，閱六
組呈件二疊，發外交部代電一件，為指示改進密電本之
事。又接辦四組發文三件。晚餐後芷町來，處理四組件
十五件，閱批表三十二件。健中兄來談約二小時許。十一
時卅分寢。

12月11日　星期六　晴　五十六度

十時起。近日晏起成習，又不能改正。夜間入睡總
在二時以後，如此起居失常，殊於工作有礙也。十時卅分
天放兄來訪，談團部幹部學校與中政校事。丁文安君代表

賀君山局長來訪，談義務勞動法事。紀文亢儷來訪，為余祝壽，以今日為陰曆十一月十五日也。午餐後閱六組呈件二疊，閱外交電十四件。小睡一小時許。二時三刻到中山室開本室區黨部十八次執行委員會議，五時卅分歸。與六弟談報館事務。今日皓兒歸寓，傍晚樂兒亦來。晚餐時芷町、實之、祖望、四弟、六弟為余置酒備肴，領其盛情，為盡三杯。處理四組各件，十二時寢。

12 月 12 日　星期日　晴　五十六度

九時四十五分起。皋兒休沐來家，與談公費留學生派遣事。閱第六組批表四十餘件。孟海兄來請示元旦檢閱軍訓之訓詞要點。又閱六組情報件約卅件。向午老友威博來訪，上月初自上海動身，昨始到渝，不見已七年於茲矣。鬚鬢皓然，而意氣不衰，相見殊懽。談上海諸友人近況，約卅分鐘。其子女均來見，皆已成人矣。一時始進午餐，餐畢小睡，至四時許始起。毓麟大人攜其幼子來余處，翻檢桌上雜物，略贈數種，欣然受之。小兒天真可愛也。夜白誠來談見客之概要。八時後處理面呈件及四組件。十二時寢。

12 月 13 日　星期一　晴　五十七度

八時卅五分起。盥洗畢，至軍委會參加紀念週。總裁主席，由梁部長均默報告宣傳部業務，十時禮成回寓。閱參考消息等件，為三民主義半月刊簽請贈發補助費。

十一時英倚泉君來談，將於明日動身赴蘇，任中央社特派
員，與詳談中蘇關係，並託攜致傅大使一函。十二時十分
午餐畢，打針小睡至二時卅分起。實之來談，閱呈中央常
會之紀錄。四時到中央黨部參加談話會。六時卅分與芷町
同歸。自誠來談約一小時。晚餐後朱慶永君來話別。處理
六組情報件二十件、四組呈件十件。十一時就寢。

12月14日　星期二　晴　五十六度

九時起。擬就中國之命運增訂本附註稿，交付排
印，並作籤呈一件。又致唐組長函，囑留意美國大選舉之
動向。九時三刻往潘宅，訪劉自乾主席，談康事、藏事、
抗爭大局，最後並及四川問題，頗有深切諷示鼓勵之語。
彼之所言，似亦頗為懇切坦白。至十一時許歸寓。閱本日
各報及參考消息。午餐後小睡至三時起。自誠來談，核定
講稿一篇（對陸大訓詞），旋乃建來談，核發李基固子女
疾病特別補助費一千五百元（並請第一處補助同數），六
時偕芷町同往中訓團，留團應張文白之約晚餐。到青年團
同人十餘人。七時卅分先歸，與四弟同至官邸，參加主任
會餐。毓麟同往，由朱慶永講蘇聯黨政及教育。九時卅分
歸，處理五組件。十二時寢。

12月15日　星期三　晴　五十六度

九時十五分起。陳筑山君來訪，談其著作人生藝術
之經過，約三刻鐘，並留原稿，囑為閱讀。陳君辭官閒

居，已將一載，潛心著述，自亦可佩，然其見解不免駁
雜，近於古人所謂思而不學者也。十一時卅分威博伉儷來
訪，晤談甚驩。午刻略備酒肴款之。餐畢略談，至二時許
始得小睡。三時卅分起，睡中多夢，殊不適。滄波、開
先、有真三君來談。旋毓麟偕張令澳來談。張君青年有
志，甚可愛。力子先生來談憲政協進會事。七時明鎬設席
宴余及威博，八時餐畢。閱四組批表卅六件，呈件十二
件，閱六組卅件。十二時寢。

12 月 16 日　星期四　晴　五十六度

八時五十分起。閱報及參考消息。十時中航公司總
經理李吉宸同志來，談中航業務及訓練人才、準備工具之
計劃甚詳。十一時吳思豫君來談軍委會撫卹委員會之現
狀，其鬆弛有出人意外者，洵為可嘆。午餐後打針小睡，
至二時十分起，約睡一小時餘，而起來猶極勉強也。核閱
五組件六件，即處理之。檢閱關於特種刑訴條例及國訪委
員會自一〇二次至一一八次之決議案。三時召集法制專門
委員會秘書陳次仲、軍法執行總監部代表余某、行政院秘
書夏晉熊，討論軍法裁判之移歸司法機關事宜，談二小時
餘，猶未得結論。夜發許靜芝局長一函，處理四組呈件十
件，閱六組件十件。十一時卅分寢。

12 月 17 日　星期五　晴　五十六度

九時五十分起。近日情緒低落，精神不振，今日上

午更甚，幾至不能定心聚神。故上午除閱讀舊書外，未作
任何工作也。午餐後小睡未熟，又多惡夢。二時十分起，
閱六組呈件卅件。三時到行政院出席預算會議，居、孫兩
院長、孔副院長、何總長、王、吳秘書長等均出席，討論
三十三年度國家歲出概算書，數字龐大，久久未決，至六
時勉強通過。散會後為之隱憂不置。晚餐時與威博閒談，
稍解鬱悶。夜與芷町處理四組件卅餘件，十一時卅分寢。

12月18日　星期六　陰　五十六度

八時五十分起。十時蔣經國君來談，轉達兩事：

（一）派蕭贊育為中訓團教育委員；

（二）蔣經國補贛省府委，仍兼四區專員。

即為代電辦發。十一時羅翼羣君來談，並攜其子作年同
來，謂將令參加公費留學生考試也。談約四十分鐘而去。
余今日精神仍極疲亂，十二時不思食飯，蒙被假寐至一時
卅分起。略進食，讀馬一浮講義，冀稍收放心。忽覺發
冷，乃再就寢。不料睡中多夢，醒後心緒更劣。傍晚約威
博來談一小時餘。晚餐後精神稍佳，閱六組件十件、四組
件四件。道藩來談。十一時卅分寢。

12月19日　星期日　陰　五十六度

九時廿分起。今日精神較為安定，閱馬湛翁講學問
答一冊，作私函數緘。明、樂兩兒休沐歸家，約兒亦在
寓，與彼等閒談消遣。上午完全以閒散遣之。午餐後打

針，今日注射已滿十針矣。小睡至二時卅分起，作致細、
憐兩兒函，交明兒帶去，彼等下午隨姨母歸也。蕭自誠來
談委座告勉劉文輝以易簡之義，殊中其病。六時亮疇先生
來，談明日預算討論事，並索攜赴開羅之提議稿而去。閱
第六組批表卅餘件、呈件十五件。晚餐後希聖來談中國之
命運增訂本事及中央日報事。八時卅分後處理四組呈件八
件，核改文字一件。十一時卅分寢。

12 月 20 日　星期一　晴　五十九度

八時卅分起。盥洗畢即赴軍委會，到會時紀念週猶
未集合也。九時舉行紀念週，何總長報告軍事，對常德戰
役報告特詳。委員長補充指示，對余程萬師之擅自退卻，
頗有指斥。十時卅分接開國防會第一二六次常會，討論
三十三年度總預算案，歲出入各列七四〇億元。委員長親
自出席主持通過，並報告開羅會談之要點。十二時卅分
歸。午餐畢，小睡至三時起。將耶誕節對傷病官兵廣播詞
呈核。旋研究總概算件，覺可斟酌之處尚多。四時卅分健
中來談。六時劉自乾主席來談。閱六組件八件。夜處理四
組文件十二件，與芷町談組務。十二時寢。

12 月 21 日　星期二　晴　五十八度

八時起。昨晚早睡，今日起身時刻亦復正常。若能
持久如此則此心滋慰矣。九時卅分祝修爵君來訪，談次頗
有改任實際工作之意。祝為余在浙省府時補助出國留學者

也。十時卅分蔣夢麟君來訪，以紅十字會經費事告之，並
囑其往與厲生商補救之道。客去後，改擬檢閱軍訓之訓詞
一篇，十二時十分完稿。午餐後小睡至二時起。擬起草另
一文字，而寓中殊囂煩。審閱研討憲草之件，約力子來
談，晚餐後去。處理四組呈件，完成審查報告，至十一時
五十分寢。

12月22日　星期三　陰　五十七度

九時卅分起。昨晚服藥失效，今晨又早醒而遲起。
又因天氣陰沉轉寒，筋骨痠痛復作，甚覺不舒。閱大公報
社論，論人心熱望，「不外政治社會一切上軌道、有效
率、不苟且、廉潔清明、天下為公、尊重人權、徵課悉
平」，此數語簡括精當，故特誌之。十時卅分臧啓芳君來
談。旋徐道鄰兄來談，願充歐洲國家加捷克等國之公使。
向午約曾資生來談。午餐後小睡至二時起，未能入睡也。
閱第六組呈件兩疊，檢閱去年元旦林主席之訓詞稿而誦讀
之，以為委座新年文告之準備。然思慮極繁，擬摘要點未
就也。實之來談，並送四組批表閱之。八時偕宗濂、資生
參加官邸會餐，資生講政治制度，十時歸。理四組件。洗
澡就寢。

12月23日　星期四　陰　五十六度

八時五十分起。辦發關於宣傳之代電一則，又箋函
一件，又指示四組兩件。十時卅分王冠青君來談，擬於下

年擺脫宣傳部工作，余頗有意邀其來侍從室工作，然今日未與詳言也。午餐後小睡至二時起。朱經農教育長來談中央大學經費事。朱君去後，閱外交電一百〇五件。滄波來談卅分鐘去。傍晚顧一樵次長、程其保廳長來談康藏邊民教育事。飯後閱六組呈件三疊。自誠來談，為核改講稿（委座廿三日對團部人員與政工人員之訓話）一篇。處理四組件七件。十一時卅分寢。

12 月 24 日　星期五　陰、下午有霽意　五十二度

九時十分起。天氣驟寒，殊有不可忍受之感。而乍陰乍晴，變化莫測，余之心境正亦與之相類。體格上他無所苦，惟骨節疼痛又作，且腦部漲痛不可忍耳。總之，最近兩週來，以今日身心為最不舒。自誠兩次攜廣播稿來，余無心為之斟酌，蓋委座既未命予核閱，而其事又涉及耶教教義，門外漢不欲贊一詞也。午餐後小睡，亦未成眠。醒後頭痛而心煩。閱六組審查報告兩件，處理公私函札三十餘件。傍晚思索元旦文稿之作法，未有端緒。閱內政釋疑百問，殊嫌浮淺不切實也。趙曾鈺來訪，四弟代見之。晚餐後與希聖談一小時許。處理四組文件十五件。十一時卅分寢。

12 月 25 日　星期六　陰　五十二度

九時十五分始起。天氣仍陰寒，室內氣溫似較昨日更低。余體力、精神均感不支，且腦筋漲痛，略用思慮，

即有昏茫沉重之感，余其又將小病乎？閱王冠青兄所擬文
稿要點，覺有應補充處，而無力改擬，先作一函告之。
十一時後假寐休息，然思慮不能澄息，既緊張又疲乏，
此境至難受也。二時卅分起讀羅斯福耶誕廣播詞，內容
頗為精采。為憲政實施協進會研究修改告全國人民書
稿，僅酌易百餘字，而費時兩小時以上，可見腦力之疲
也。五時力子先生來談，即以修改件面交之。旋閱六組
呈件二十餘件，又工作計畫及預算審查報告四件。希聖
來，略談而去。夜閱四組批表二十餘件，十時十分謁委
座。十二時寢。

12月26日　星期日　陰晴　五十二度

晨起又在九時以後，近來總不能早起，由晚間入睡
總在一時之後也。閱今日各報，無重要消息，惟公安克
復，為可欣慰，然新華日報則未登載。此種報紙惟以「爭
取發行時間為目的」，其於抗戰軍事報道，則置之第二
位，以此高呼反攻第一，亦可謂滑稽之至矣。程天放、徐
錫鎣皆以星期日之故而來訪，蓋不知我等無星期休假耳。
午餐後允默回山洞，知其臨去戀戀，必懷念我之身心健
康，然此殊無可如何，不能令旦姨一人寂寞。小睡至二時
卅分起，閱外交電四則，發憲政會代電，又閱六組審查報
告兩件。四弟來談。王冠青寄來文稿，覺仍不可用，奈
何！乃建以五時來訪，長談而去。夜起草文稿，只完二
段。芷町來談。十二時就寢。

12 月 27 日　星期一　陰晴　五十二度

　　九時十分起。不及參加紀念週，託芷町兄轉達邵先
生以憲政實施協進會批示之要點，然芷町以咳嗽亦未往
也。十時後開始起草元旦典禮訓詞，至十二時寫成約一千
餘字。今日自覺精神稍為旺盛。午餐後仍約略續成一段。
一時後威博來話別，今日去南岸，蓋寓此已十日以上矣。
小睡至四時起，擬再續寫文稿，而力子先生偕雷副秘書長
來商憲政實施協進會之件，為此又耗費一小時以上之時
間。六時委座約往談話，指示元旦廣播稿要點，余乘此請
示憲政會之件，商定辦法而歸，即辦發代電。夜閱六組批
表二十件，呈件一疊，處理四組件十餘件，完成訓詞稿。
芷町來談。十二時就寢。

12 月 28 日　星期二　陰　五十二度

　　九時卅分始起。開始起草對全國軍民元旦廣播詞初
稿，上午僅完成兩段。有客來訪，不能不中止。午後小睡
起，覺精神尚稱充沛，乃接寫第三段，不料意緒愈引愈
長，欲節制刪短，而總覺有礙文氣，只得任其奔放。全文
以軍事第一為中心，乃採取四弟所貢獻之意見，對冠青初
稿只得完全割愛，而希聖起草說明戰局艱鉅之一段，乃覺
有十分精要之語，盡量納之於篇幅之中。為接洽講演事，
屢次擱筆。又閱六組呈件十餘件。今晚主任會餐，由資
生、白虹參加，余事未畢，只得請假，託希聖代表出席
焉。晚餐後將後段寫成，氣勢尚完足，十時卅分交繕。

十一時卅分寢。

12 月 29 日　陰、下午微雨　五十二度

　　九時十五分始起。昨晚入睡殆已在一時以後矣。叔諒以關於文化之件來請核批，又介紹余次長井塘來談自費留學生考試事。原定以五十分為及格，外國語及專習學分不得在卅分以下，余以為太寬，請其改正之。然學生程度之低落，不可為諱也。承委座命撰擬唁趙次瀧家屬之電。俞國華秘書來談其出國計劃、訓練日期及出國後職務之交代。聞委座已允其赴美深造，余殊不能阻止，然如此得力之同事，實難再覓。彼如離去，必將在業務上感到種種窒礙耳。惜別之情甚覺不能自己。向午修改告遠征軍將士書，亦預定元旦發表，希聖所起草也。午餐後小睡，殊未熟，二時卅分起。三時核自誠寄來元旦訓詞改正稿，為整理之。因此中央黨部之特別小組會議又不得不臨時請假矣。五時三刻修改完竣。七時偕希聖赴蔚文主任之宴。在座皆本室同人。八時謁委座，九時卅分歸。修改廣播詞稿，有極難表達者，十二時始完。一時就寢。

12 月 30 日　星期四　陰雨　五十二度

　　八時起。昨晚雖服藥，而仍失眠，入睡在三時以後，晨七時即醒，故精神殊倦。盥洗後，即將昨晚繕就之廣播詞稿摘要送國際宣傳處翻譯，又校正一份呈閱。修正致盛督辦，賀其五十生日之電，孟海所擬也。中午與希聖

談元旦社評要旨，一時後午睡，竟未睡熟，夢境迷離，至
四時後始醒。祖望來談改革五組業務之意見。同時為文官
處接洽授勳案件，轉折異常。此次授勳，在銓敘部主張嚴
格，而委座以鼓勵起見，不無特例，甚難調和悉當也。傍
晚委座約往談，交下廣播稿，又改動甚多。先閱六組、四
組各件，核定致各國元首賀年電，整理改正稿甚費力，約
曾處長來談久之。十一時寢。

12月31日　星期五　陰雨　五十二度

　　八時十五分起。閱各報辭歲之詞，仍以人公報為最
簡潔了當。中央日報一文亦不弱，惟意思稍平耳。委員長
來電話，仍命將廣播詞稿呈閱，謂當再加研究，知今日下
午又不免有再度整理之工作矣。十一時國際宣傳處譯稿送
來，閱之甚流利而正確，即備函送請亮疇先生改正。蕭同
茲君來談社務及英倚泉赴俄轉折之事。文官長來電話，請
補授主計長二等景星章，以電話請示奉准，即用代電通
知。此等承轉事務，叢疊一身，殊覺無意義，皆由委座治
事習慣不喜與直接幕僚接觸之故也。老友鄭曉滄君來談，
亦未及接晤。午餐後小睡，有極複雜而吃力之夢境，心緒
不寧可概見矣。三時卅分起。委座將廣播稿第四次改正發
下，再為整理，並即通知亮疇先生。旋又奉發下元旦典禮
訓詞，亦有補充修改之語，補綴復補綴，總不能天衣無
縫，余之技窮矣。七時後自誠來，知委座已於七時灌音。
繼亮疇先生來，商定英文稿。晚餐時芷町來，餐畢，處理

四組公事十六件，又接洽宣傳件，並發出廣播稿。十時後
閱六組件。一年工作暫告結束。十二時寢。

民國日記 13

陳布雷從政日記（1943）

The Official Diaries of Chen Pu-lei, 1943

原　　著　陳布雷
總 編 輯　陳新林、呂芳上
執行編輯　林弘毅
文字編輯　王永輝、江張源
封面設計　陳新林
排　　版　溫心忻

出 版 者　🛡開源書局出版有限公司
　　　　　香港金鐘夏慤道 18 號海富中心
　　　　　1 座 26 樓 06 室
　　　　　TEL：+852-35860995

　　　　　🌸民國歷史文化學社
　　　　　10646 台北市大安區羅斯福路三段
　　　　　　　　37 號 7 樓之 1
　　　　　TEL：+886-2-2369-6912
　　　　　FAX：+886-2-2369-6990

銷 售 處　源流成文化 股份有限公司
　　　　　10646 台北市大安區羅斯福路三段
　　　　　　　　37 號 7 樓之 1
　　　　　TEL：+886-2-2369-6912
　　　　　FAX：+886-2-2369-6990

初版一刷　2019 年 9 月 25 日
定　　價　新台幣 330 元
　　　　　港　幣　85 元
　　　　　美　元　12 元
Ｉ Ｓ Ｂ Ｎ　978-988-8637-20-1
印　　刷　長達印刷有限公司
　　　　　台北市西園路二段 50 巷 4 弄 21 號
　　　　　TEL：+886-2-2304-0488